宝血与救赎

十字架上的神圣交换

宝血与救赎（曾用名：赎罪）
十字架上的神圣交换

Bought With the Blood

叶光明国际事工版权 © 2016
叶光明事工亚太地区出版
PO Box 2029, Christchurch, New Zealand 8140
admin@dpm.co.nz
叶光明事工出版
版权所有

DPM30

ISBN: 978-1-78263-632-8

目 录

引言

二战期间，我患了一种连医生也没法治好的病，在埃及的军事医院躺卧了一年之久。那时，我的处境正像本仁约翰（又译约翰·班杨）在《天路历程》书中所描写的绝望沼泽，深陷在又黑又孤单的绝望之谷，看不到天日。

后来，我没有蓄意寻求，却有三位陌生人来访。在他们中间，一位是七十多岁的救世军女准将、一位是从纽西兰来的士兵、还有一位是从美国俄克拉何马州来的青年女子。护士允许我和他们一起坐在他们泊在停车场的车子里面。

当我们一起在车中祷告的时候，神以一种戏剧性的超自然方式彰显了祂的同在。车子本来是静止的，引擎没有发动，但神的大能却震动了整辆车和坐在车里的我们四个人。随着震动继续进行的时候，神藉着那位美国青年女子的口说话了。

首先，神宣告祂是全能的神，接着说出以下的指示："思想各各他十字架上的工作，是完备的工作，在每一个方面都完美，在每一个方面都完全。"

我从车里出来时，病况并没有减轻。但我意识到，神把我引向了我可以领受祂全备供应的源头。

"各各他十字架上的工作！"我理解这是指耶稣在各各他十字架上的代死为祭。

我在默想这话，并朝着祂的话语指示我的方向行走时，我领受了完全彻底的医治。

不过，那只是我领受福分中的第一部分。自从那时起，近六十年以来，我一直遵循主在那超自然方式震动着的车里给我的指示："不断思想各各他十字架上的工作"。

我发现神引导我走上一条属天的道路，引向"**基督那测不透的丰富**"，和"**这历代以来隐藏在创造万物之神里的奥秘**"之中（弗3:8-9）。

在《宝血与救赎》这本书里，我要向读者一一揭示那令人惊叹的神的预备，那是神借耶稣钉十字架为人类生命中的每一样需要，所作出的全部预备。

我所发现的精髓就是：十字架上，一场由神命定的替换发生了，一切因我们的罪所带来的恶都临到了耶稣身上。藉此，所有因耶稣无瑕的义所带来的好处就可以向我们敞开了。

这个主题共分为四个主要部分：

一、十字架为中心

二、九个替换

三、五方面的得救

四、如何支取神所预备的好处

欢迎您和我一起踏上这奇异的旅程！

叶光明

第一部分

十字架为中心

第一章、一次性全备献祭

"赎罪"是这本书贯穿始终的主题。这词在现代词汇中很少见，所以许多人也不知道它的含义。

把这字剖析开来看，意思就是把神与罪人归笼起来，成为合一的关系，现代语言比较常用的一个词是"和好"。借着十字架的大能，神和罪人彼此和好了。

旧约希伯来文翻译成"赎罪"的这个词和新约希腊文翻译成"赎罪"这个词之间，有一个非常重要的区别。

希伯来文的原文字义是"遮盖"的意思。赎罪日就是遮盖罪过之日。借着那一天献上的祭，人们的罪就蒙遮盖了，但仅只一年。第二年同一个日子，他们的罪又要再被遮盖一次。因此，那一天献上的祭，不能为罪提供永恒的解救方式，只能提供短暂的遮盖。

新约的救赎画面就大不相同了。把希伯来书中的两段经文作一个比较，就可以清楚认识这一点。希伯来书主要论及耶稣作为大祭司，为我们献上祂自己成为赎祭。

第一段经文是希伯来书十章 3-4 节，这里论到旧约和祭："**但这些祭物是叫人每年想起罪来。**"（第 3 节）可见那些祭根本不能除罪，反而提醒人们罪的存在。

希伯来书的作者继续说："**因为公牛和山羊的血，断不能除罪。**"（第 4 节）

这里中心的问题是除罪，不仅仅只是遮盖罪。

然而，在希伯来书九章 26 节，作者论到耶稣的代死所成就的事，与旧约的献祭形成了直接的对比："**但如今在这末世显现一次，把自己献为祭，好除掉罪。**"

可见，当耶稣在十字架上把自己献为祭时，祂是除掉了罪。这举动与旧约的祭形成强烈对比，旧约的祭只提醒人们罪尚未被除掉，动物之祭只是用来遮盖罪，有效期仅一年。

施洗约翰在圣经中是这样介绍耶稣的：

"**看啊！神的羔羊，除去世人罪孽的。**"　　　　　（约一 29）

请留意！这里再次显明神的羔羊耶稣与旧约的献祭是多么不同，耶稣是除去世人罪孽的。为此，凡接受祂的献祭的，就不必再为罪献祭了。

圣经如何论述我们的罪？

在我成为传道人之前，我是剑桥大学的哲学教授。有一天我决定去攻读圣经，我认为这是作哲学家的责任。我以为一旦通读了圣经，就有资格对其发表我的权威意见了。但就在我读圣经的过程中，我戏剧性地遇见了主。

从此，我就再没有怀疑过两个事实：**第一，耶稣仍然活着；第二，圣经是一本真实，可靠，并且与时俱进的书。**

当我开始欣赏圣经时，就知道它所提供的是其他人类智能或文学著作中所找不到的。它尤其启示了两大具有独特重要意义的问题：（1）人类问题根源的诊断（2）如何医治。

诊断：罪

如果一个医生无法诊断病症，他也就无法提供治疗方案。因此人类问题根源的诊断是很重要的一件事。圣经只用了一个字就诊断了出来："罪"。

除了圣经，世上没有任何一本书诊断出罪的问题。这是圣经的独特之处。单单这一点，已值得我们永世感恩。

感谢神！圣经不仅诊断我们，也提供救药："赎罪"。

我们要思想人类的"罪"的基本问题。它不仅是全人类的根本问题，并且，不论我们承认与否，也是每一个体的个人问题。

我们可以用不同名称来称呼它，今日世界一些所谓的科学为我们提供了各种奇妙、复杂的名字，但根本问题仍然是一样：罪！

一个人只有面对"生活的根本问题是罪"这现实之后，才能有效地面对人生中的种种问题。

罗马书三章 23 节，清楚说明了罪的定义：

"因为世人都犯了罪，亏缺了神的荣耀。"

罪的根本是消极的，不是积极的。罪，不一定是犯下什么可怕的罪行，而是在自己的生命中没有把神当得的位置给祂，却是夺去祂的荣耀。

神所创造的人类都亏缺了祂的荣耀！

一旦我们真认识到人类的景况，就能体会也必须承认保罗所说的是很真切的："世人都犯了罪，亏缺了神的荣耀。"

救药：十字架

感谢神，圣经不仅诊断了我们的罪，也提供了神完美的解救方案：十字架！

十字架，不是人们挂在脖子上、或教会墙上金属或木制十字架，尽管它们本身并没有什么错。我们指的十字架是指耶稣代我们把自己献上为祭的地方。

大部分基督徒也许没有完全意识到，十字架上所发生的是一次献祭。为了使它实质化，我们要来看希伯来书中的三段经文，都是强调十字架为祭的。

希伯来书七章 27 节把耶稣与旧约祭司相对比："他不像那些大祭司，每日必须先为自己的罪，后为百姓的罪献祭，因为他只一次将自己献上，就把这事成全了。"

这里的"献"字指祭司献祭时所做的事，但在十字架上耶稣献上了自己。也就是说，祂既是祭司，又是祭物。作为祭司，祂献上祭物，但祂自己正是那祭，那牺牲者。祂献上了自己。只有一位祭司可以献上那祭，只有那一种祭蒙神悦纳。

另外，希伯来书九章 13-14 节与旧约直接对比："若山羊和公牛的血，并母牛犊的灰，洒在不洁的人身上，尚且叫人成圣，身体洁净。何况基督借着永远的灵，将自己无瑕无疵献给神，他的血岂不更能洗净你们的心，（原文作良心）除去你们的死行，使你们事奉那永生神吗？"

留意这里说到耶稣借着永远的灵，将自己无瑕无疵献给神，这是指圣灵，祂参与献祭是很关键的。

事实上，在救赎人类过程的每一个主要阶段，三位一体神的每一位都有直接的参与：

1. **道成肉身**：父神借着圣灵，使圣子在马利亚腹中道成肉身。（参路加福音一 35）

2. **约旦河中的洗**：圣灵临到圣子身上，父神从天上出声赞许。（参马太福音三 14-17）

3. **公开的事奉**：父神用圣灵膏抹了圣子。（参使徒行传十 38）

4. **钉十字架**：耶稣借圣灵将自己献给父神。（参希伯来书九 14）

5. **复活**：父神借圣灵使圣子复活。（参使徒行传二 32; 罗马书一 4）

6. **五旬节**：圣子从父神那里领受圣灵，圣子又将圣灵浇灌在祂的门徒身上。（参使徒行传二 33）

但我们目前要着眼的是十字架。耶稣即是祭司，又是祭品。圣子借永恒的圣灵将自己献给父神，毫无瑕疵和玷污。祂完全纯洁，是唯一蒙神悦纳的祭，因为祂是唯一没有罪的人。

把十字架放回中心位置

"永远"这词形容一件穿越时间限制的事。发生在十字架上的是一件历史事实，但它的意义越过了时间。那次的献祭，耶稣把世人历代以来——包括过去、现在和将来——的罪都加在祂自己的身上。我们有限的头脑几乎难以领悟借着那一次献祭所成就的一切。你我的罪，以及所有生存过的人的罪，另加上那些还没有生下来的人的罪，都借着永远的灵加在了耶稣的身上。

祂背负了全人类的罪！

认识这一点，并把十字架放在我们基督徒生命中应有的位置上，对我们极其重要。十字架应当是教会的中心，不是什么活动或节目。许多教会的讲题也有它们的长处，但若没有十字架，一切都没有意义。

十字架是恩典和能力的源泉，使这一切好的忠告发生果效。

现今这个时代，教会应该把十字架放回中心位置！

神吩咐以色列人在进入应许之地以前，当他们建造祭坛时，祭坛周围不可摆放它物。

神特别指示以色列人如何建献祭的坛：“你要为我筑土坛……**你若为我筑一座石坛，不可用凿成的石头，因你在上头一动家具，就把坛污秽了。**”（出二十 24-25）

献祭的坛必须只用自然的材料砌成，不可用人工修改，不论是土坛还是石坛，任何人手加工的东西都会把坛污秽了。

此外，耶和华警告祂的子民：“**你为耶和华你的神筑坛，不可在坛旁栽什么树木作为木偶。**”（申十六 21）

在以色列人献祭的坛周围不可有任何东西分散他们的注意力。没有任何艺术或创造品可以分散他们对古朴祭坛的注意力。这对我们也是一个很好的功课。我们不可以用任何东西来环绕十字架，或把任何东西放在十字架之上或之前，以免使它暗淡。十字架是直接明了的，正如耶稣被钉十字架是一个直接明了的可怕画面。

曾有任何艺术家能充分描绘出耶稣在十字架上受死时所发生的事吗？我很怀疑。因为如果他真的成功地做到了，我们就会转移自己的目光。然而，十字架却是基督信仰独有的中心。没有其他宗教系统——不论是伊斯兰教、佛教、印度教或任何数不尽的邪教——拥有任何与十字架相应或遥遥相关的东西，

此外，十字架把基督信仰固定在历史之中了。而伊斯兰教的默罕默德是在一个无人识别的洞穴里得到启示的，不与任何场景或事件相关联。总的来说，哲学家推究抽象的事物，但十字架信息与人类历史上的一个特别事件有关。这事件若非发生了，就是从没有发生；若非真实，就是虚构；没有第三个可能。如果它是事实，那就是人类史上最重要的一件事。

当我们不得不正视福音的中心事实时，就会发现耶稣在二十世纪仍然活着。我们不得不承认：一个人死了，又从死里复活了，并在今天仍然活着这件事实，正是人类历史中一件最重要的事。没有其他事件可与之相比。

如果我们不把十字架放在生命中应有的中心位置上，我们的信仰就会失去意义和能力，沦落成一堆无味的道德法则，或无法达到的行为标准。人的生命中若没有十字架的能力，就无法活出登山宝

训的准则。

我已祷告多年，求神使教会能够把十字架放回应有的位置上。我相信，透过研讨"赎罪"这题目，从而认识十字架上的神圣替换，会是那祷告得应允的一部分。

保罗说："**我们却是传钉十字架的基督……**"（林前一 23）

让我们把这问题个别应用在自己身上："如果我是牧师、传道人、辅导员，或在教会中有其他职责，我是否传基督钉十字架的信息？如果不是，我的传道、教导或辅导，也许听起来很好，但最终什么都成就不了。"

十字架是唯一的能力来源！

保罗又说："**因神的愚拙总比人智慧。神的软弱总比人强壮。**"（林前一 25）

十字架就是神的愚拙和软弱。还有什么比允许儿子被罪人钉在十字架上更愚拙的呢？有什么比一个人在十字架上，身体破碎，流血，死于疼痛更软弱呢？但保罗说："神的愚拙总比人智慧。神的软弱总比人强壮。"基督徒的力量和智慧真正的源泉是在十字架上。若没有十字架，即使有好的道德、一大堆好的意图、好的讲章，都产生不出什么有意义的果效。

"因为他一次献祭，便叫那得以成圣的人永远完全。"（来 十 14）

"完全"，这动词是已经完成的动作，只一次献上这祭，永远不必再重复，一次完全的祭便叫相信的人永远完全。耶稣所成就的，以及在我们生命中的果效是永远完全的，什么也拿不走，什么也不必添加。

神所做的是完全、彻底、最终的，永远不必更改或修饰。但我们对它的支取却是渐进的。看到这一点很重要，特别是在我们不断强调十字架上工作的完美性时，尤其如此。

你也许说："我没有那种完全或圣洁。"事实上，我们当中没有一个人是完全或圣洁的。我探讨及教导这主题达五十多年之久了，但我仍然在追求得以成圣。我们的成圣是渐进的。我们是渐渐地离神更近,离罪和世界更远,逐渐领受更多神的事进入自己的生命中。那正是十字架的启示为我们和在我们里面成就的。

以下几章,我们将谈论三个很少人问及的问题:

1、十字架为我们成就了什么?

2、十字架必须在我们里面做成什么?

3、我们怎样实际地支取神已经借十字架为我们所成就的好处呢?

人们不常问这些问题,但找寻它们的答案会让我们生命更多的成圣,是我们不曾知晓的。神完全的供应总是借耶稣在十字架上的代死为祭而释放出来的。试图以其他方式寻找供应,都是越过十字架,并且十分危险。

前面的研讨不免有一些冗长,但如果你坚持下去,你会得到一个大赏赐。

第二章、永远完备

在第一章我们解释了耶稣在十字架上的代死是一种献祭。耶稣作为大祭司，以自己为祭，借圣灵献给神。透过这行动，祂永远地除掉了罪。

我在信主前，出自一个不熟悉福音，也不明白救恩真理的背景。神没有在智力的领域来对付我，而只是把我扔进一个极深的水池，说："游泳吧！"在我认识圣灵的洗及别人给我忠告之前，我就受了圣灵的洗，开始研读圣经。

我惊讶地发现，圣经很真实，很切合实际，也与时俱进。事实上，我不得不时常从圣经中寻找生命大事的解释和答案。

这一切的发生，正值二战期间我在英军部队中服役的时候。不久之后，我的小分队被差遣到中东，我在那里度过了以后的三年，在埃及和利比亚沙漠地带作医院护理。

我一直在那里服役，后来我染上了一种皮肤病，手和脚特别严重。不同的医生给这病症不同的名称，每次的新名称愈来愈长！然而，没有一个医生可以治疗这病症。

因着我再也不能穿长靴，我的分队不得不让我退伍。随后的一整年我就呆在埃及的军事医院里。我并不想在任何医院呆上一年的时间，不过如果必须的话，希望埃及的军事医院会是最后一个！

我就这样一周又一周地躺卧在医院病床上，心里知道自己是已经得救了，领受了圣灵，也相信圣经的确很真实，但那也差不多是我知道的全部。我没有其它的教导，但好似神接管了那份工作，亲自教导起我来了。我就那样一天又一天地躺在床上对自己说："我知道，如果我有信心，神就会医治我"。但接下来我总是说："我没有信心！"

我发现自己陷进本仁·约翰在《天路历程》中描写的绝望的幽谷里了。

在我那么忧郁地躺在那里时，一本小书《天上而来的医治》落到我手里。这书是一位基督徒医师所写的，他患了一种不治之症，不幸染上了吗啡瘾。但她借着对主和圣经的信心，最后奇妙地被解救出来。之后，她献上余生作传讲、教导医治的事工。

这本书中有这样一句话："可见信道是从听道来的，听道是从基督的话来的。"这是直接从圣经上来的一句引言，就是罗马书十章17节，它彻底改变了我的生命。

在我读这句话时，一道亮光射进了我心中的幽谷。我抓住了这两个词："信道"、"来"。如果你没有信心，你也可以得到。怎么得到呢？靠听。听什么呢？听神在他的话语里所说的话。

我决定要听神所说的话。我开始通读整本圣经，用一支蓝色笔标出与这四个主题有关的每一个字，包括医治、健康、肉身得力和长寿。花了好几个月我才完成了这项任务，毕竟当时我也没有其它的事可以做。

当我大功告成时，你知道我得到的是什么吗？一本蓝色的圣经！经文说服了我，让我知道神借耶稣基督的代死为祭给我们提供了医治。然而，我仍然不知道如何实际地得到医治。

方向性的言语

后来我被转到苏伊士运河附近一所医院，在那里我遇到一位从开罗来的很不寻常的女士。罗太太是救世军的一名队长，她在丈夫去世后接下了他的军衔，这是救世军的惯例。

更奇妙的是，罗太太是一位说方言的救世军队员，这在一九四零年是很罕见的。她对自己所相信的——例如说方言、蒙神的医治等——的执着，就像救世军对救恩那样强调一样。罗太太二十年前在印度作宣教士时曾患上了医生无法治愈的疾病，她就坚信圣经，并得到完全医治，从此再没满口吃药了。

罗太听说有这样一名基督徒士兵需要得医治，就不避艰辛专程来看我。她在开罗找到一辆小型四人车子，由一位纽西兰士兵驾驶，与一位从美国俄州来的姐妹，一起来到了我住的医院。罗太太身穿救世军军服大踏步地走进病房，使护士肃然起敬。她为我获得许可，让我出去坐在小车里，和他们一起祷告，事先连问都没问我一句！

　　我被带到小车上，坐在后排，罗太太和那名士兵在前，那位美国姐妹坐在我身边。我们就开始祷告了。过了几分钟，那位美国姐妹开始用方言祷告，那么流利、那么有力，神的大能临到她身上，使得她的身体颤抖起来。然后我发现自己也在抖，接着车里的每一个人都抖了起来，最后连车也抖动了。尽管车子并没有发动引擎，却犹如在颠陂的路上以时速五十英里开动。

　　我不禁意识到神作这件事是为了让我得益处。

　　接着，这位美国姐妹用英文把那不可知的方言祷告翻译出来。

　　一般情况下，一位英国哲学教授、莎士比亚学者、惯用伊丽莎白式英语和詹姆士钦定版圣经的人，与一位从美国俄州来的年青女子在一起，很可能会遇到文化和语言上的冲突。

　　当时我却很惊讶地发现，这方言翻译出来的语言却是最完美的伊丽莎白式英文。我不记得她所说的每一句话，但有一段对我来说，至今跟在一九四三年那时候一样清晰："你要思想十字架上的工作：它是完备的工作，在每一个方面都完备、在每一点上都完全"。

　　这句话用词非常典雅，我马上就能欣赏它，特别是因着我的希腊文背景。耶稣在十字架上所说的最后一句话就是"成了"。在新约原希腊文只有一个字。那个字是以完成时态出现的，意思就是"完美地成就某一件事"。你可以把这个字翻译成："绝对完美"或"绝对完全"。

　　主借着那位美国姐妹的口，对我说到十字架上那完美的工作，在每一方面上都完美至极。我顿时肃然起敬，因为我知道圣灵在为我翻译那个字。是神自己说话了。

　　我从那车中出来时，肉体上的皮肤病并没有发生什么变化，但我却从主那里领受了一个指示性的言语，耶稣在十字架上为我所做的，包含了我今生、永世可能有的每一个需要，不管是肉体、属灵、物质、还是情感上的需要。

把神的话当作良药

十字架上的工作是"各方面都完美至极"。不在乎你从那一面看十字架，它都完全，什么也没有遗漏。

彼得后书一章 3 节说的**"一切关乎生命和敬虔的事"**就差不多包括一切了！一切都由耶稣在十字架上的代死为祭赐给我们了。你所需要的一切，不仅是在今世或永恒，不论是属灵、肉体、经济、物质、感情或人际关系的需要，都因那一次献祭而得到了预备。

> **"因为他一次献祭，便叫那得以成圣的人永远完全。"**（来十14）

于是我决意要理解神借耶稣在十字架上为我所成就的事。我开始看到，耶稣在十字架上不仅担当了我的罪，也担当了我的疾病，因此，借着祂的鞭伤，我便得到医治。

以赛亚书五十三章 4-5 节的信息是再明显不过的了：**"他诚然担当我们的忧患，背负我们的痛苦。我们却以为他受责罚，被神击打苦待了。哪知他为我们的过犯受害，为我们的罪孽压伤。因他受的刑罚，我们得平安。因他受的鞭伤，我们得医治。"**

既然我的头脑是专门受训练对凡事加以分析的，因而我可以看到这样的结论是无可非议的：耶稣在十字架上背负了我们的疾病、痛苦、软弱，因他的鞭伤我们得医治。借着我哲学头脑的强辩，我设法以每一种方式撇开以赛亚书五十三章 4-5 节的含意。

我想方设法以各种方式去避开身体上得到的医治来解释这段经文。在接下去的几个星期里，魔鬼让我想起每一种可能来反对神的医治，我想祂连一个余地也不留！然而，每次当我回到神的话语中时，那里的信息仍然如旧。我记得我那本兰色圣经，从创世记到最后的启示录，自始至终我都可以看到医治、健康、肉身得力和长寿的应许。

不知什么原因，我从前得出了这样一个结论，以为作为一名基督徒，你不得不预备余生都要痛苦。每次我读到经文上有关医治的应许和话语时，我就会说："那也好得不像真的了。不可能是那个意思。神真的想要我健康、成功、长寿吗？不可能，我对宗教的概念不是如此。"

在我自我辩白的时候，主以清晰可辩的话对我说："告诉我，谁是老师，谁是学生？"

我回答："主啊，你是老师，我是学生。"

"那么，你愿意让我教导你吗？"

我立刻明白了主的意思。

于是，圣灵引导我来到那段帮我出院的经文："**我儿，要留心听我的言词，侧耳听我的话语。都不可离你的眼目，要存记在你心中。因为得着他的，就得了生命，又得了医全体的良药。**（箴言四 20-22）

"**我儿……**"，我意识到神把我看为祂的儿子对我说话。这段经文不是对非信徒而是针对神的子民说的。当我来到那医治全体的话时，我说："行了！"，连一个哲学家也不可能把"全体"解释为其它东西！全体指我全部的肉身身体，神借祂的话语提供了医治我整个身体的良药。

"那太好了"！我自言自语地说："我有病，需要吃药，神为医治我的全体预备了良药。"

作为英军医院护理人员，其中一个任务就是在我自己没有生病时给别人发送药。于是，我说："好，我要把神的话当作药来吃。"

在我这么说时，神又一次清晰地对我说："医生给人开药时，都把服药的指示记在药瓶上。箴言四章 20-22 节是我的药瓶，上面有我的指示。你好好去研究吧！"

我回去看那四个指示：

第一："**要留心听我的言词**"。我们必须全神贯注在神的话语上。

第二："**侧耳听**"。我们必须弯下自己顽梗的颈项，表示乐意受教。我们并不是样样都懂，有些我们从教会背景中继承下来的传统并不符合圣经。

第三："**都不可离你的眼目**"。我们必须毫不动摇地专注神的话语。

第四："**存记在你心中**"。我们必须把神的话语牢牢记在心中。

下一节经文紧接着说："**你要保守你心，胜过保守一切。（或作'你要切切保守你心'）因为一生的果效，是由心发出。**"（箴言四 23）

这也就是说，你心里不管记下什么，都会决定你人生的进程。若你心里持错误的态度，就不可能生活得正确；反之，若你心里有正确的态度，也不能生活在错误中。生命的进程是由心里所充满的东西决定的。

神在对我说：如果你要从你的耳门领受我的话语，借你的眼门吸收它到心里，它就会成全我应许你的事。

我下定决心，要把神的话当良药去服用。我到医生那里，感谢他尽力帮助我，并告诉他："不过，从现在起，我准备信靠神。我不想要再吃更多的药丸了"。

我差一点没被送进精神病医院，在答应自负其责之后，我出院了。

尽管我的皮肤病最怕炎热的气候，部队却把我派到一个更热的地带，苏丹的卡特姆（Khortoum），那里的平均温度高达华氏127度。

我来到了苏丹，挣扎于炎热之中，但还是下定决心服我的良药。从哲学角度来说，那样做是一件很蠢的事。然而，我问自己："我继续自作聪明，依然生病，还是愚蠢却得着医治呢？"最后我决定：蠢就蠢吧！

病人服药通常是一日三次，饭后服用。于是我每顿主餐之后，就打开圣经，低头祷告："神啊，祢应许这些话语是医治我全体的良药。我现在就奉耶稣的名，把它们当作良药服下。"然后我便专心读圣经，仔细听神可能对我说的话。

感谢神，我完全得到了医治！我不仅得到了肉体上的医治，也变成了一个完全不同的人。圣经更新了我的意念，改变了我的优先秩序，人生价值和态度。

满足神应许的条件

奇迹般的蒙医治，是一件很美好的事。感谢神，我亲眼见过许多人瞬间奇迹一般的蒙医治。然而，在一段时间里定期服圣经这良药而得医治却有着真正的益处。你所得到的超过肉身上的医治，是在内心里得到改变。

我并没有立刻得到医治，而是在那种艰难的气候中花了三个月才完全得到医治的。在那种情况下，以色列儿女在埃及的例子大大的鼓励我。

埃及人越苦害他们，以色列人就越发多起来，越发蔓延。（参见出埃及记一 12）环境不是决定性因素。神的应许不取决于环境，而取决于满足一定的条件。

让我以一个原则来结束这一章，以便帮助你从耶稣的代死为祭中支取你的需要。

雅各说：**"……没有行为的信心是死的。"**（雅二 20）

光坐在那里说"我相信"是不够的，你必须借适当的行为举止来活用你的信心。

最初带我去教会敬拜的人是史密斯•维格斯吾斯（Smith Wigglesworth）的朋友，他是著名的医治传道人，他常说"信心是一种行为"，那句话对我生效了。

我可以坐在床上说"我相信"，却什么也没有改变。我需要做些事情来活用我的信心，神以祂的智慧启示我，让我把圣经当作良药一天服用三次。

显然，这里的教训是：不要被动，而要以适当的行为，进入十字架的预备当中。

我们再复习主题经文：**"因为他一次献祭，便叫那得以成圣的人永远完全。"**（来十 14）

我强调了两件事：

第一，耶稣在十字架上的代死是神命定的一个祭，耶稣作为大祭司，代替全人类将自己献给父神为祭。

第二，祂是完全的祭，什么也不欠缺，什么也不需要添加了。是完全、绝对的完美。

亚当的每一个后代，借着耶稣在十字架上的献祭，完全得到供应。

第三章、一个由神命定的替换

在这一章，我们要略看一个不寻常的真理：借着耶稣在十字架上的代死为祭，一个替换发生了。

它打开了神所有供应的宝藏大门！

让我们再复习主题经文："因为他一次献祭，便叫那得以成圣的人永远完全。"（来十 14）

我强调了两件事。第一，耶稣在十字架上的代死是神命定的一个祭，耶稣作为大祭司，代替全人类将自己献给父神为祭。第二，祂是完全的祭。什么也不欠缺，什么也不需要添加。是完全、绝对的完美。

亚当的每一个后代，借着耶稣在十字架上的献祭，完全得到供应。

掌握这个事实，不让自己的注意力偏离这祭，是很重要的。我们可以接受许多种形式的教导、参与各种事奉和基督徒活动，这些本身也都不错。但是，如果它们与十字架上的祭分开，最终就会失去它们的效应。

我还要从以赛亚先知描写的一件事来进一步例证：十字架是神一切供应的中心。

以赛亚先知以一个很生动的方式，证明了整个福音都以十字架为中心。这一点很值得我们研讨！

十字架处在中心位置

以赛亚书共有六十六章；圣经共有六十六卷书。

以赛亚书有两大主要部分：1-39 章和 40-66 章（或 27 章）。同样，旧约有三十九卷，新约有二十七卷。

以赛亚书后二十七章常被称为旧约的福音。这二十七卷又被划分为三个九章的组合：40-48 章, 49-57 章以及 58-66 章。

这九章一组合有一个重要的特色：结束时，都强调神永远不会与罪妥协。

以赛亚书四十八章最后一句和五十七章最后一句几乎完全相同：

"耶和华说，恶人必不得平安。"(赛四十八 22)

"我的神说：恶人必不得平安。"(赛五十七 21)

而六十六章最后一节虽然字句不一样，真理是一致的：那些犯罪，不悔改的人会受到神永远的审判："**他们必出去观看那些违背我人的尸首。因为他们的虫是不死的，他们的火是不灭的。凡有血气的，都必憎恶他们。**"

这三个九章的组合都以类似的宣告作结束：尽管神满有怜悯，但祂对不悔改、不弃绝罪的人，永不妥协让步。

中心章的中心信息

以赛亚书这一部分的中间章节是四十九到五十七章。这中间部分的中心一章是第五十三章，但预言其实是从五十二章的最后三节开始的。

以赛亚书五十二章 13 上半节："**我的仆人行事必有智慧。**"

"**我的仆人**"是这预言对耶稣的称号。也许你需要看圣经来领会这一点，但如果把五十二章最后三个引言经节与五十三章的十二节经文加起来，你就会得到五个各三节的组合：

1. 以赛亚书五十二 13-15
2. 以赛亚书五十三 1-3
3. 以赛亚书五十三 4-6
4. 以赛亚书五十三 7-9
5. 以赛亚书五十三 10-12

你可以看到这以赛亚书中心部分中间章的中心环节是五十三章 4-6 节了。我相信这正是神的预见，因它启示的真理正是整个福音真理的绝对中心和主旨。

让我们来思想一下这三节中的头两节的内容：

"他诚然担当我们的忧患，背负我们的痛苦。我们却以为他受责罚，被神击打苦待了。哪知他为我们的过犯受害，为我们的罪孽压伤。因他受的刑罚我们得平安。因他受的鞭伤我们得医治。"

（赛五十三 4-5）

这里翻译成"忧患"的词是经过修饰的。原文只是"疾病"的意思。这里的"忧患"和"痛苦"在希伯来文中其实是疾病和疼痛，这两个词的意思从摩西时代至今都没有改变过。

此外，第 4 节起头是"他诚然"，可看出这里强调的是"他"和"诚然"这两个词。

现在我们就来到了那节关键的经文，以赛亚书最后那部分中间章的中间一段的第三节经文：

"我们都如羊走迷，各人偏行己路。耶和华使我们众人的罪孽都归在他身上。"   （赛五十三 6）

人类的问题根源是什么？这里是圣经的诊断。我们不是都犯了奸淫、醉酒或偷盗的罪，而是都犯了"偏行己路"的罪。

走自己的路，而不走神的路，神称为罪孽。用现代的词就是悖逆。

人类的根本问题是悖逆神！

这是普世性的问题。犹太人、外邦人、天主教或新教，亚洲、欧洲、美洲、非洲，无一例外，人人都偏行己路。

我们都是同类型的人，都是悖逆者。

但有一个奇妙的信息：神将世人的罪孽、反叛都归到了耶稣的身上。

神将我们大家的罪都汇集在祂身上。各种族、各世代的人，我们的罪孽、反叛，都归到十字架上的耶稣身上了。

耶稣承担了什么？

"罪孽"在希伯来文是"avon"。认识这词的含义很重要，它不单指悖逆，也指悖逆的所有恶果、惩罚，以及悖逆给犯罪的人带来的一切恶果。

我们可用旧约的三处经文来说明这一点：

一、创世记四章 13 节

该隐杀了他的弟兄，神对他发出宣判，该隐如此回应："……**我的刑罚太重，过于我所能当的。**"（创世记四 13）

这里的"刑罚"就是"avon"这个词。该隐的罪孽及其惩罚都包括在这一个词中，是过于该隐所能当的。

二、撒母耳记上二十八章 10 节

扫罗要求隐多珥的女巫用法术把撒母耳唤来，因为巫术的刑罚是死罪，所以他同时也向她保证："**扫罗向妇人指着耶和华起誓说，我指着永生的耶和华起誓，你必不因这事受刑。**"（撒上二十八 10）

这里的"受刑"也正是"avon"。扫罗向女巫保证她不会因其行为有罪，刑罚也不会临到她身上。

三、耶利米哀歌四章 6、22 节

耶利米哀歌第四章两次用"avon"这词：

1. "**都因我众民的罪孽……**"（哀四 6）这里的"罪孽"也是"avon"，可以被翻译成"罪孽"和"惩罚"。

2. "**你罪孽的刑罚受足了……**"（哀四 22）这里"罪孽"和"刑罚"在希伯来文中都是"avon"。

因此，"avon"的意思是叛逆，因叛逆所得的刑罚以及叛逆的一切恶果。

当我们回头看以赛亚书五十三章时，就领会到主把我们众人叛逆，叛逆的刑罚及其叛逆的恶果，都加在那位受难的仆人身上了。

神圣的替换

这就把我们引向一个十分重要的真理上了，那是一把打开神供应宝藏大门的钥匙。在十字架上，一场替换发生了，是由神命定和预定的，很简单，却又很深刻。所有按理当临到我们的恶，都临到耶稣身上，好让耶稣因祂无罪的顺服应当得到的一切好处，都临到我们身上。

现在我们要列出九项替换的特别方面。每读到一个替换，你可以伸开相应的手以动作表示其意义，左手为恶，右手为益。

1. 耶稣受刑罚，我们可以蒙赦免。
2. 耶稣受鞭伤，我们可以得医治。
3. 耶稣为我们的罪而成为罪，我们因祂的义而成为义。
4. 耶稣代我们受死，我们可以分享祂的生命。
5. 耶稣成为咒诅，我们可以领受福气。
6. 耶稣忍受贫穷，我们可以分享祂的丰盛。
7. 耶稣担当我们的羞辱，我们可以分享祂的荣耀。
8. 耶稣忍受我们该得的被弃绝，我们可以享受祂的被接纳。
9. 我们的旧我死在耶稣里，好让新人活在我们里面。

你永远不能找到任何理由，说自己配得到祂的替换。这是神至高恩典的工作，表达祂无可估量的爱。

除了这发生在十字架上的九种替换之外，还有五个不同方面的解救，我们也可以通过运用十字架在自己的生命中而领受到。借着十字架，我们领受到：

1. 从现今邪恶世代中蒙解救
2. 从律法中蒙解救
3. 从自我中蒙解救
4. 从肉体中蒙解救
5. 从世界中蒙解救

在以后的几章中，我们将逐一研讨每个替换和解救，并解释如何可以借赎罪支取神的一切供应和预备。

这里的关键词是"恩典"，因为那是你永远不能赚取或配得的。

大部分只有宗教外表的人并不欣赏神的恩典，因为他们设法赚取它。但是人无法挣得神借耶稣代死在十字架上为你所成就的任何好处。

领受的方式只有一个：相信。停止企图赚取它，放弃说服自己"我几乎够好了"。唯有凭着信心，你才能领受耶稣在十字架上的供应。

为什么神差遣祂自己的儿子为我们死在十字架上呢？因为祂爱我们。

那么，神为什么爱我们呢？

圣经从来没有解释，即使我们穷尽永恒的时间也找不到答案。我们不配、赚取不来，我们没有什么可以保证我们该得到祂那令人难以置信的献身为祭。这是万能之神的一个至高的选择。

在我们思想神的供应时，必须记住耶稣的两个称号。

一、哥林多前书十五章 45 节："**经上也是这样记着说，首先的人亚当，成了有灵的活人。（灵或作血气）末后的亚当，成了叫人活的灵。**"

称耶稣为"第二个亚当"是不正确的。哥林多前书十五 45 节中称祂为"末后的亚当"，意义大不相同。

哥林多前书十五 47 节："**头一个人是出于地，乃属土。第二个人是出于天。**"

耶稣是先被称为"末后的亚当"，然后又被称为"第二个人"。我们必须弄清正确的称号和次序，否则就会混淆了。

在十字架上，耶稣是"末后的亚当"，但祂不是在时间意义上为末后的，从那时起，无数的亚当子孙又诞生了。

他是"末后的亚当"，意思是整个亚当族类的罪恶遗传完全临到了钉在十字架上的耶稣身上。受罪咒诅的人类，全部罪恶的遗传都临到了祂身上。当祂被埋时，那一切也都与祂同埋了，于是我们从亚当遗传下来的罪恶本性被除掉、了结、掩没了。

然后，当耶稣从死里复活时，祂是以第二个人，一种新人类身份复活的，那是以马内利族类，是神人结合的族类。每一个因信耶稣代死复活而重生的人都成了这新的以马内利族类的一部分。

要保证自己弄清这一点，设想一下钉在十字架上的末后亚当

——耶稣——除掉了一切罪恶的遗传，否则我们族类没有任何其它方式可以逃脱罪孽行为的恶果。但耶稣被埋时，一切都与祂同埋了；第三天复活时，好比一个新的族类开始了，犹如神与人神秘地结合起来，形成了一个新造的人。

二、在彼得后书一章 3 节中，使徒把复活比作死里复生，在以弗所书一章 22-23 章中，保罗称耶稣"**为教会作万有之首**"。

这是一幅很美妙的图画。自然界里，一个人出生时，是头先出来。头的出现保证身体的其余部分会跟着出来。当耶稣基督作为教会之首从死里复活时，祂就成了我们复活的保证。祂是作为末后的亚当而死的，但却是以第二个人而复活的。

最后一幅预言性画面

现在我们来再看一幅预言性画面，描写以色列的悖逆。

以赛亚书一章 2 节，主说到以色列的儿女："他们竟悖逆我"。

在第 5-6 节主生动地描写了这场悖逆的后果："你们为什么屡次悖逆，还要受责打吗？你们已经满头疼痛，全心发昏。从脚掌到头顶，没有一处完全的。竟是伤口，青肿，与新打的伤痕。都没有收口，没有缠裹，也没有用膏滋润。"

那正是悖逆的一切恶果，也是耶稣钉十字架的完美图画！我们把它与以赛亚书五十三章作了引言的那部分作一个对比：

> "我的仆人行事必有智慧，（或作行事通达）必被高举上升，且成为至高。许多人因他（原文作你）惊奇，（他的面貌比别人憔悴，他的形容比世人枯槁）"（赛五十二 13-14）

耶稣的肉身都毁坏得不成人形，从头到脚都是伤口、青肿与新打的伤痕！

祂的面貌变得比别人憔悴，形容比世人枯槁，那是悖逆的结果。神以这生动的画面向我们显明一个事实，就是在十字架上，耶稣承担了我们的悖逆及一切恶果。

不要相信漂亮的十字架宗教图画，耶稣被钉在十字架上时，全身没有一处完整的地方，没有缠裹。因为众人的悖逆都临到祂身上了。

下一次你我想要悖逆时，求神给我们一幅结束悖逆的图画。

耶稣作为末后的亚当担当了那悖逆，随之死去并完全连它一起被埋了。当祂复活时，是以第二个人复活的，为一个新族类的元首。

现在你看完这一章，就可以大声说："在十字架上，耶稣担当了我们的悖逆及一切恶果。"

如果你真的相信你刚说出的话，你还有一件事应当说，就是："感谢祢，主耶稣！"

阿们！

第二部分

九种替换

第四章、赦免与医治

在十字架上，一个由神命定的替换发生了！神在永恒里定意，并在加略山十架上彰显了出来。

十字架不是什么意外或可怕的灾祸强加在耶稣身上，也不是什么神没有预见的演变。实际上，十字架是神最初就命定的一件不可思议的事。在十字架上，耶稣作为祭司，以自己为祭献给了神。借着这一次性的献祭，祂为全人类今生和永恒的需要都作出了预备。

替换的性质是：按着公义，所有我们应得的恶都临到了耶稣身上，使得耶稣用祂无罪的顺服而当得的所有好处都让我们去支取。所有的恶都临到了耶稣的身上，好让所有的好处给我们去支取。

本章我们要看这神圣替换的前两个方面：

第一个替换：祂受刑罚，好叫我们蒙赦免

"他诚然担当我们的忧患，背负我们的痛苦。我们却以为他受责罚，被神击打苦待了。那知他为我们的过犯受害，为我们的罪孽压伤。因他受的刑罚，我们得平安。因他受的鞭伤，我们得医治。"
(赛五十三 4-5)

以赛亚解释："因他受的刑罚，我们得平安。"这是第一个替换。耶稣受了刑罚，使得我们可以蒙赦免。只要你的罪尚未得赦免，你就不能与神和好。神不与罪和好。

前面提过以赛亚书第二部分的三个九章的组合，都是以神不与罪妥协这样的话结束的。罪必须先对付掉，怜悯的信息是罪的问题在耶稣钉十字架时已经对付掉了。

罪的工价乃是死，但耶稣为我们在十字架承担了那刑罚。结果："我们既因信称义，就借着我们的主耶稣基督，得与神相和。"
(罗五 1)

一旦我们的罪按神的方式对付了，结果就是与神相和。如果耶稣没有受刑罚，我们就永远不能与神和好。所以，祂所受的刑罚才

使得我们有可能与神和好。

从歌罗西书一章 19-22 节，我们可以更形象地看清这个真理，这里说到十字架上的耶稣：

> **"因为父喜欢叫一切的丰盛，在他里面居住。既然借着他在十字架上所流的血，成就了和平，便借着他叫万有，无论是地上的，天上的，都与自己和好了。你们从前与神隔绝，因着恶行，心里与他为敌。但如今他借着基督的肉身受死，叫你们与自己和好，都成了圣洁，没有瑕疵，无可责备，把你们引到自己面前。"**

那样的结果，除非借耶稣的代死为祭，别无它法可以成就。因为祂与人的每一件罪恶之事都完全认同了，包括男人、女人、孩子犯下的一切罪，所以，我们就可以得以赦免并从罪恶的权柄之下解救出来。

另一段同一主题的经文是以弗所书一章 7 节："**我们藉这爱子的血，得蒙救赎，过犯得以赦免，乃是照他丰富的恩典。**"

我们一旦蒙赦免，也就蒙救赎了。救赎这个词的意思是 "买回" 或 "赎回"。因此，借着主耶稣宝血的代价，为我们当作祭献上，我们得以从撒但那里被买赎回来归向神。

在罗马书第七章，保罗对这第一种替换有一个极好的诠释。

当保罗说 **"我是属乎肉体的""已经卖给罪了"**，这话是与罗马的习俗有关。

在罗马，当一个人被卖为奴时，要站在一个拍卖台上，身后有一个木桩系着一根高过他头顶的矛。保罗是在说："我是属乎肉体的，罪的矛高过我的头顶。我别无选择，我是被变卖的"。

当一个人被变卖为奴时，他们没有选择的权利，是主人为他们作出决定。在同一个市场变卖的女人们，可能成为厨娘，也可能沦为妓女。她们自己无权选择。

罪人也是如此。你可能是一个 "还不错" 的罪人，并轻看妓女和有瘾癖的人，但是奴隶主仍然决定你作为奴隶要扮演的角色，不论是尊还是卑。

但有一个好消息：有一天耶稣走进奴隶市场，选中你，说："我要买下这人，撒但，你不可以拥有他。我已经付了赎价。从此他就不是你的奴隶，而是我的儿女了。"

这就是救赎！只有借赦罪而来。我们怎样得赦免呢？只因为耶稣担当了我们应得的刑罚。

第二个替换：祂受鞭伤，为了我们的医治。

接下来我们来到一个对亿万基督徒隐藏的真理：即赎罪在肉体方面的果效。我们可以再次看含有这方面真理的美妙的以赛亚书五十三章中的经文。

> "他诚然担当我们的忧患，背负我们的痛苦。我们却以为他受责罚，被神击打苦待了。"（赛五十三 4）

希伯来文在这一节经文中用了两个不同的动词。当它说受难的仆人"担当我们的忧患"时，意思是祂把我们的疾病带走了。当它说他"背负我们的痛苦"时，希伯来的意思是祂忍受了我们的痛苦。所以，耶稣带走了我们的疾病，并忍受了我们的痛苦。结果**因他受的鞭伤我们得医治。**（赛五十三 5）

这是多么合理的事啊！因为耶稣在祂自己的身体里对付了我们的疾病和痛苦，为我们预备了医治。较字面化一点，希伯来文是说："为我们赢得了医治"。

有趣的是，当圣经说到赎罪时，从来不把医治放在将来。成了！对神来说，医治已经赢得了，我们得了医治。

基督徒有时问我："我怎么知道神是不是会医治我？"

我回答："你问错了问题。如果你是委身的基督徒，真心地事奉神，遵行祂的旨意，你不该问：'我怎么知道神的旨意是不是要医治我？'而是：'我怎样领受神已经为我预备的医治？'"

在以后的几章，我要谈如何支取神的预备。但若你根本不相信神预备了医治，你就不可能支取它。根基在于你去发掘神借耶稣钉在十字架上所带来的一切预备。

新约的加固

马太、彼得这两位新约犹太人在圣灵的默示下引用了以赛亚书五十三章 4-5 节。

马太福音八章 16 节是耶稣公开从事医治事工的开始："**到了晚上，有人带着许多被鬼附的，来到耶稣跟前，他只用一句话，就把鬼都赶出去。并且治好了一切有病的人。**"

在耶稣的医治事工里，并没有明确的区分医病和赶鬼。这两者同时贯穿耶稣在地上的整个事工。

为什么耶稣这样服事呢？马太福音八章 17 节告诉我们："**这是要应验先知以赛亚的话，说，他代替我们的软弱，担当我们的疾病。**"

留意马太引用以赛亚书五十三章 4-5 节的含义是完全在肉体上的，他指到软弱和疾病。此外，实现也是肉体上的：马太说耶稣医治了所有来到祂面前的人，不是一些人，而是每一个人！

毫无疑问，马太给以赛亚书五十三章 4-5 节的内容一个完全的实际运用。

马太福音这段还有一个要点。这里的"他"是强调耶稣，不是我们。当我们在罪、疾病、忧虑、拒绝、害怕当中挣扎时，圣经告诉我们："不要看自己，答案不在你。把眼光转向耶稣，'他'才是答案！"

另有一段新约经文也引用了以赛亚书五十四章 4-5 节，这里也提到耶稣：

> "**他被挂在木头上，亲身担当了我们的罪，使我们既然在罪上死，就得以在义上活。因他受的鞭伤，你们便得了医治。**"
>
> **（彼前二 24）**

留意这里彼得强调他"**亲身**"担当我们的罪。

这几段经文都是以罪为中心问题，当罪被对付之后，其余的一切都容易解决了。

最后，留意这里的动词，不是"要得医治"，也不是"得医治"，而是"得了医治"。对神来说，这已经成就了。当耶稣说："**成了**"！（约十九 30）时，就已经成就了。在神那方面，再没有什么可以改变的，无需添加，也不可删除。

我再次重申，神医治我之前透过那位美国姐妹给我的预言，让我思考十字架上的工作："那是完全的工作，在每一个方方面面都完全。"在身体方面得医治跟其它任何方面一样完全。

救恩包括哪几方面？

请注意，新约有几段经文把"救"翻译成"医治"或"使某人好起来"。希腊文"救"是"Sozo"。所有与拯救有关的词都是从同一个字根而来。新约中好几处把 Sozo 这词用作"身体得医治"。问题是翻译的人不总是把"救"这字的全部含义翻出来，这样就掩盖了肉体得医治是救恩的一部分这个事实。

医治

马太福音九章 21-22 节叙述一个患漏血病的妇人摸了耶稣的衣襟，却不敢说出来。按照摩西律法，患血漏的妇人是不洁净的，被她触摸过的人也会变得不洁净。律法不允许她触摸任何人。

因此，她触摸耶稣就是犯罪了，当耶稣问谁触摸了祂时，她颤抖地进前来，并不是因为她害羞。

"因为她心里说，我只摸他的衣裳，就必痊愈。" （太 九 21）

她其实是说"我就会得救"。

"耶稣转过来看见她，就说，女儿，放心，你的信救了你。从那时候，女人就痊愈了。" （太九 22）

路加福音八章 47-48 节对患血漏的妇人这事作了进一步说明："那女人知道不能隐藏，就战战兢兢的来俯伏在耶稣脚前，把摸他的缘故，和怎样立刻得好了，当着众人都说出来。耶稣对他说，女儿，你的信救了你，平平安安的去吧。"

这里妇人所说的"得好了"就是"Sozo"这个字，或"得救了"。

从耶稣的回答中，可看到耶稣把医治包含在我们的救恩当中。

马可福音六章 56 节："**凡耶稣所到的地方，或村中，或城里，或乡间，他们都将病人放在街市上，求耶稣只容他们摸他的衣裳坠子。凡摸着的人，就都好了。**"

再一次这里翻译成"就都好了"的原希腊字是"Sozo"，意思就是"得救了"。他们是从什么当中得救了呢？答案还是"从疾病当中得救了"。

在路加福音八章 35-36 节，记载有群鬼附在一个人身上，耶稣赶出污鬼，他就变得正常了："**众人出来要看是什么事。到了耶稣那里，看见鬼所离开的那人，坐在耶稣脚前，穿着衣服，心里明白过来，他们就害怕。看见这事的，便将被鬼附着的人怎么得救，告诉他们。**"

再一次希腊原文字用的是"Sozo"，意思就是"得救了"，中文翻译把原文意思直译了出来。从污鬼缠磨之下得释放，是耶稣在十字架上代死为祭所带来的预备的一部分，也就是救恩的一部分了。

我在事奉过程中就看到成千上万的人从邪灵之下得蒙解救了，从经验中我学到了撒但只怕一样东西：十字架。牠根本不在乎你是什么教会的会员，你只要以耶稣在十字架上的成就来对付撒但，牠必颤抖逃跑了。

从死里复活

我们再看路加福音八章 49-50 节：

"**还说话的时候，有人从管会堂的家里来说，你的女儿死了，不要劳动夫子。耶稣听见就对他说，不要怕，只要信，你的女儿就必得救。**"

这里让我们看见，得救也包括从死里复活。

支取救恩

可见身体得医治，从邪灵下得释放，甚至连小孩从死里复活都是用这一个包罗万象的"救"字来描述的。救恩是耶稣在十字架上代死所预备的一切好处。

众人质问使徒怎样医治了在美门前跛脚的人,彼得如此回应:

"那时,彼得被圣灵充满,对他们说,治民的官府,和长老阿,倘若今日,因为在残疾人身上所行的善事,查问我们他是怎样得了痊愈。你们众人,和以色列百姓,都当知道,站在你们面前的这人得痊愈,是因你们所钉十字架,神叫他从死里复活的,拿撒勒人耶稣基督的名。"(徒四 8-10)

是救恩使那跛腿的人得痊愈!

彼得接着在众人面前清楚宣告:"除他以外,别无拯救。因为在天下人间,没有赐下别的名,我们可以靠着得救。"(徒四 12)

我们最后看提摩太后书四章 18 节:

"主必救我脱离诸般的凶恶,也必救我进他的天国。愿荣耀归给他,直到永永远远。阿们。"

这里保罗所用的字就是"Sozo"这个字。他在断言:"主必救我,一直救我"。

不断实践耶稣为我们在十字架上成就的一切就是救恩。从我们相信那一刻起,直到越过时间进入永恒那一刻,借着耶稣钉十字架的供应,我们在救恩中不断前进。

紧接着这里有一个挑战:"我们若忽略这么大的救恩,怎能逃罪呢?这救恩起先是主亲自讲的,后来是听见的人给我们证实了。"(来二 3)

有人确实是在拒绝救恩,他们不相信并拒之门外。然而大部分的基督徒不是拒绝而是忽略救恩。他们不寻找神为他们的预备,而是接受一些传统观念,一些派别对十字架的成见。

神借着我的久病不愈,带我来到这个境地,迫使我挖掘救恩当中所包含的意义。我是别无它法。也许神也会把你带到了那个境地。你不能再忽略祂的救恩。以后的某个时刻,甚至也许就在现在,你就迫切地需要。

求神帮助我们每一位，不要忽略祂至大救恩中身体方面得医治的供应。

支取这些替换

支取神的预备，最简单实际的办法就是感谢祂，用口承认这个预备。让我们大声宣告首先的两个替换：

耶稣受刑罚，使我得着赦免。耶稣受鞭伤，使我得着医治。

如果你真的相信这两句话，你必须说："感谢祢，耶稣，祢的受死为祭给我带来了赦免和医治！"

第五章、义代替罪

在这一章我们将要看到，虽然撒但企图使基督徒有罪疚感，但我们能胜过那控告者。我们的得胜取决于基督在十字架上完美的工作所带来的第三方面的替换。这是另一个许多基督徒没能掌握的真理，结果导致我们属灵产业的一部分被剥夺。

首先，我们必须区分"罪行"和"罪性"。

"罪行"，是我们犯下的罪恶行为。耶稣受了刑罚，使我们的罪行可以蒙赦免。

"罪性"，却是一种促使我们犯罪的邪恶势力或邪恶本性。

必须清楚对付罪性的邪恶势力，我们才能完全得救。

伟大的赎罪篇章，以赛亚书五十三章 10 节如此说：

"耶和华却定意将他压伤，使他受痛苦。耶和华以他为赎罪祭。他必看见后裔，并且延长年日，耶和华所喜悦的事，必在他手中亨通。"

这是对耶稣复活的一个很明显的预言！如果耶稣仍然在坟墓里，这就不可能发生。

我们要着重"耶和华以他为赎罪祭"这句话，关键的字是"罪"或"罪疚"。我们必须永远牢记，旧约的献祭只是神要借耶稣的祭所要成就之事的预演。

在旧约里，如果一个人犯了罪，就要找一个适当的祭（公牛、山羊或母羊），带到会幕的祭司那里，承认自己的罪，手按在祭牲的头上，借此行为象征性地将罪从自己身上转到那牲畜身上。一旦罪被转移，他就要马上杀死那牲畜，在某种意义上看来，那牲畜为那人的罪担当了刑罚。

这一切都是耶稣被钉十字架时所发生之事的影像。父神将人类所有的罪转移到祂儿子的身上。以赛亚发出的这句惊人的话"耶和华以他为赎罪祭"，是我们没有一个人可以完全理解的。耶稣成了我们全人类的赎罪祭！

当我们思想耶稣绝对的纯洁和圣洁时，根本就无法领会使祂成为人类的赎罪祭所包含的一切。

所有的人都可以回忆起一些希望从来没有发生过，或从来没有做过的事。这样的事，就连回想起来都令我们有一种窘迫感，甚至厌恶自己。

试想一下，全人类所有的罪都加在神无罪的儿子身上！这正是袖在客尼马尼园不愿意喝的那杯。当基督将要承担的人类罪恶所带来的肉体苦难和可怕的属灵负担时，袖说："**父啊！你若愿意，就把这杯撤去。**"（路二十二 42）

感谢神，袖又加上一句："**然而，不要成就我的意思，只要成就你的意思。**"正是这样，袖成全了我们的赎罪祭。

现在我们要转向新约。也许你读了哥林多后书五章 21 节，却没有意识到，它其实是引用以赛亚书五十三章 10 节："**耶和华却定意（或作喜悦）将他压伤，使他受痛苦。耶和华以他为赎罪祭。（或作他献本身为赎罪祭）他必看见后裔，并且延长年日，耶和华所喜悦的事，必在他手中亨通。**"

罪的反意词就是义。这里说明了这个替换：耶稣替我们成为罪，好叫我们在袖里面成为神的义。

这是一个让人惊叹的想法，但却很符合圣经。我们单靠行善，永远达不到神的义。只有一条途径让我们领受神的义：借着信。我们必须相信这令人难以相信的事：就是耶稣为我们的罪而成为罪，好叫我们在袖里面成为神的义，这是一个多么令人激动的启示啊！

以赛亚书另一段经文启示了一幅这个替换及其结果的美妙图画："**我因耶和华大大欢喜，我的心靠神快乐。因他以拯救为衣给我穿上，以公义为袍给我披上。**"（赛六十一 10）

作者不是说"我相当快乐"，而是"我大大欢喜"。"欢喜"的希伯来字是"Sous"，想要强调就重复一遍，变成"Sousasees"，就是"我要因耶和华欢喜加欢喜"，是双重的欢喜。

首先，神带走我们罪的污秽外衣，给我们穿上了拯救的衣。但这还没有完结！神还要以公义为袍给我们披上，穿上公义的外袍是很美好的事。你不但可以从罪中得救，而且还可以在耶稣基督里穿上神公义的外袍。

用一个专门词来形容就是"称义",意思是使某人成为义。圣经中"称义"和"公义"是从一个字根而来的。

假设你因死罪在最高法庭受审,你坐在那里等判刑,终于宣告判决了:你被判无罪。

你一定激动无比,你会紧紧拥抱你的配偶或朋友,蹦跳着高喊:"我无罪释放了!我自由了!"一个难以容忍的负担会从你的肩上滑落下来。

这就是被称义的意思。我的案件在天上最高法庭受审,法庭已传达下判决:无罪!我被宣判为无罪,并且成为义,好像从来没有犯过罪一样!撒但再也不能指责我,说我有罪了。

我想让称义这个事实对你成为真切的事。天上的记录没有一个对你不利的。如果你保持住你在基督里的位置,撒但就没有什么可以指责你的了。

慎防罪疚感

撒但攻击人类的最主要的武器是罪疚感。我们要非常小心,勿让任何人或事使你感到罪疚,那不是来自神。

约翰福音十六章 8 节说圣灵"**叫世人为罪、为义、为审判,自己责备自己**"——但那跟罪疚感不一样。

当圣灵让我们意识到罪时,祂说:"你这事做错了,你应当悔改,纠正错误,你必须这样做。"一旦你承认、悔改、纠正,这件事就完结了,你没有后顾之忧。

但罪疚就不一样了,你永远不知道自己做得够不够。也许有人觉得你对他不公,有被弃感,很不安,很伤痛。然而,不管你对他说什么或做什么来弥补,好像永远不够,注意!那不是圣灵的工作,而是从另一个源头而来的恶势力在动工。

因此要慎防任何使你产生罪疚感的事,它否决十字架上的工作,与圣灵使你知罪截然不同。罪疚感永远没有了结,总是不断延续下去,你无论做什么都不够。

如果撒但坚持使你感到罪疚,你要持守神在以赛亚书五十四章

17 节中的应许："凡为攻击你造成的器械，必不利用。凡在审判时兴起用舌攻击你的，你必定为他有罪。这是耶和华仆人的产业，是他们从我所得的义。这是耶和华说的。"

这是多么大好的消息啊！魔鬼策划用来攻击你的武器，没有一样可以成功！牠可能不断使用罪疚感这武器攻击你，但牠最终会败退。

请留意，神没有说牠会定那些用口舌攻击你的人为有罪，而是说"你必定为他有罪"。借着耶稣在十字架上为你所成就的，你必须拒绝撒但所有的指责，拒绝受罪疚感的指责。毕竟受挑战的不是你的义，而是神转加在你身上的义。以那为基础，你可以拒绝对抗你的每一个指控，你没有罪。记住公义的袍！不在乎魔鬼从哪一个角度接近你，牠所能看到的只是基督的义披盖了你。

罗马书八章 1 节如此作总结：

> "如今那些在基督耶稣里的，就不定罪了。"

罗马书第八章是受圣灵掌管的生命的写照。第一节是那生命的入口，上面写着"不定罪了"，你不可能一面被定罪，一面过受圣灵掌管的生活，所以你必须学会对付被定罪的感觉。神说你必须谴责它，因为耶稣因我们的罪而成为罪，叫我们因他的义而成为义。

启示录十二章 10 节描绘了神的子民与撒但国度最后战争的场面：

> "我听见在天上有大声音说，我神的救恩，能力，国度，并他基督的权柄，现在都来到了。因为那在我们神面前昼夜控告我们弟兄的，已经被摔下去了。"

这一系列事件的描写是多么令人难以相信啊！我相信它们还有待发生！这里描写了撒但在神的宝座面前昼夜控告我们弟兄，企图证明我们有罪。

我们应当怎样胜过控告我们的魔鬼呢？

"弟兄胜过他，是因羔羊的血，和自己所见证的道。他们虽至于死，也不爱惜性命。"（启十二 11）

当我们个别地见证神的话语，说出耶稣的宝血为我们成就的一切，以及神为我们所做的一切时，撒但就哑口无言了。

支取这个替换

在上一章我们说过，要支取神为我们所成就的好处，最简单、实际的办法就是为之感谢神，用口来承认它。

让我们再次以口承认，支取这第三个替换带给我们的益处：

耶稣为我的罪而成为罪，好叫我因祂的义而成为义。
主耶稣，感谢祢使我成为义了！

第六章、生代替死

第四方面的替换，同样简单、有力：耶稣受了我们当受的死，好叫我们分享祂的生命。

耶稣以生命为代价，为我们换得新的生命。

祂说："盗贼来，无非要偷窃，杀害，毁坏。我来了，是要叫羊（或作人）得生命，并且得的更丰盛。"（约十10）

耶稣为我们所赐下的，与我们所配得的，两者之间有巨大的鸿沟。

"因为罪的工价乃是死。惟有神的恩赐，在我们的主基督耶稣里，乃是永生。"　　　　　　　　　　　　　（罗六23）

这里蓄意对比"工价"与"白白赐下的礼物"。工价是我们挣来的，收受工价是理所当然的，任何人故意不给你工价，是不公义的。但白白赐给你的礼物却是你不可挣的东西。

因此，说"我想要的就只是公义"是愚蠢的。因为如果你想要公义，那位绝对公义的神就会把公道给你。公义要求你收受你的工价，而你的罪的工价乃是死。

罗伦·肯宁翰曾讲过一个故事：一位女士去肖像摄影室拍摄照片。当她过了一阵去拿的时候，她很不满意。她对摄影师解释："这些照片对我不公义。"摄影师看了看她，然后说："女士，你不需要公义，你需要的是怜悯！"（译注：公义---- 你是什么，就该得什么；怜悯---- 你没有的，却给你加增）

我至此之后就常常思想这个故事。我对自己一遍又一遍说，我所需要的不是公义，而是怜悯！

怜悯是公义的另一个选择。如果你拒绝你的工价，你就有资格领受那份白白的、不可挣得的永生的礼物。你之所以能得到，是因为耶稣接受了我们当得的罪的工价，是代我们收下的。正如希伯来书二章9节说到"……成为比天使小一点的耶稣……叫他因着神的恩，为人人尝了死味。"

祂为你和我尝了死味！

回顾第三章，根据哥林多前书十五章 47 节，为亚当的每一个子孙尝了死味的耶稣既是"末后的亚当"，又是"第二个人"。作为末后的亚当，祂终止了亚当及其所有子孙该得的整个恶的遗传。耶稣临死前说："成了"。那就是结局。

耶稣被埋葬时，那恶的遗传也与祂同埋了。祂第三天又以第二个人的身份复活了，成了一个新族类之首。耶稣替代了我们的死亡，好叫我们分享祂的生命。

我们需要透过旧约，来精确地理解这个替换的实质。

神对我们救赎的超额付出

我在这里会解释一个概念，如果你能掌握的话，会帮助你更多地支取耶稣的生命，使你更感到耶稣的宝贵。为此，我们当首先搜寻圣经中翻译成"生命"的这个词。我们来从摩西的律法中看属神公义的原则。

一命抵一命

出埃及记二十一章 23-25 节说到损害他人的条例："**若有别害，就要以命偿命，以眼还眼，以牙还牙，以手还手，以脚还脚，以烙还烙，以伤还伤，以打还打。**"可见必须以等价偿还受损害的东西或人。

有时候，翻译难以完全表达字词的原义，新旧约都一样。其实，在这个例子中，因着翻译的缘故，旧约的一大基本启示未能完全表达实质含义。

且看"以命偿命"中的"命"这个字。

新约的希腊文有三个不同的词都翻译成中文的"生命"：Psuche 是指魂；Zoe 是永恒的生命；Bios 是自然生命。

旧约希伯来文中有一个很有趣的词 nefesh, 意思主要是"魂"、"生命"或"人"。

创世记二章 7 节说"**那人便成了有灵的活人**"时，希伯来文用的是 nefesh, 借着神的灵与泥土造成的人混合, 就出现了一个全新的人, 亚当。这个新生命, 称做 nefesh。

当出埃及记二十一 23-25 说到"以命偿命"时, 所用的就是希伯来文的以 nefesh 偿 nefesh, 是以一个人的生命偿还另一个人的生命。如果一个人被谋杀, 另一个人就当以他的生命付刑罚。

把这段经文与申命记十九章 21 节作比较:"你眼不可顾惜, 要以命偿命, 以眼还眼, 以牙还牙, 以手还手, 以脚还脚。"

同样的原则, 以 nefesh 偿还 nefesh, 一命抵一命。

生命是在血中

生命是什么? 利未记十七章 11 节有答案。

神以奇妙的预言经文说:"**因为活物的生命是在血中。我把这血赐给你们, 可以在坛上为你们的生命赎罪, 因血里有生命, 所以能赎罪。**"

这里开始的一句话"活物的生命", 希伯来文中用作"生命"的一词又是 nefesh, 活物的生命是在血中。

这又有什么重大意义呢? 人拥有灵、魂、体。当灵离开时, 他就停止呼吸了; 当魂离开时, 他的血就停止流动了; 肉体的生命在血中。

所以神说:"我把这血赐给你们, 可以在坛上为你们的生命赎罪。"换句话说, 我们必须以命偿命。既然生命在血中, 血就必须洒下来赎罪, 献出一命来换取一命。

现在我们回到赎罪篇章, 以赛亚书五十三章。这一章的结束经节, 也是耶和华仆人受难描述的结束。

"所以, 我要使他与位大的同份, 与强盛的均分掳物。因为他将命倾倒, 以致于死。他也被列在罪犯之中。他却担当多人的罪, 又为罪犯代求。" （赛五十三 12）

这里的"命"字就是 nefesh, 耶稣借着流血将命倾倒。祂在十字架上流血至死, 为全人类献上生命。

试思想这样的画面：在十字架上，耶稣的身体几乎倒干了所有的血，他们鞭伤祂的背，把荆棘冠冕戴在祂头上，钉穿祂的手和脚，祂流尽了血。

在祂死去之后，一个士兵把一根矛刺进祂的肋旁，水和血一起涌了出来，犹如祂身体里所有的血都倾倒在十字架上。这是祂作为末后的亚当，为全亚当的族类献上祂的生命。

支取耶稣的宝血

作为具有逻辑学家背景的我，我可以用信心接受教义，并且相信它们，但迟早我都希望它们在逻辑上讲得通。只有当我开始默想生命在血里面这个真理时，这概念才对我开始变得生动、合理起来。

多年以来我相信赎罪，相信耶稣为罪献上为祭。我知道祂的祭为全人类提供了赦免。我开始默想神儿子的生命是怎样为人类献上。默想神作为创造主的生命，自然比祂所造的生命更宝贵，神儿子的生命为全人类的生命作赎价，自然也就充足有余了。

诗篇一三〇篇 7 节说："耶和华……有丰盛的救恩"。也就是说，神不仅为我们的救赎付出了代价，而且是超额付出了！

如果你能掌握这个概念，你会大大加倍感受耶稣对你的宝贵！祂的生命在十字架上献出，是救赎全人类的祭，这是根据我们从旧约中看过的原则，就是以命偿命。

有关耶稣宝血的真理，我们需要非常非常地谨慎。我甚至听到某些人说："血是消极的，它只付上了罪价而已。"

我奉劝你永远不要这样看待或贬低耶稣的宝血。不幸的是，今天的教会充满了各种不符合圣经的教导。有些派别甚至把提及耶稣宝血的颂赞诗歌都从诗歌本上删掉了。

利未记十七章 11 节说，生命是在血中。生命不是消极的，生命是你所能遇见的最积极的事了。神的生命在耶稣的宝血中，天上痛恶任何贬低耶稣宝血的观点，因为诸天见证耶稣洒下每一滴生命之血所献上的祭。

此外，我相信当我们表达对耶稣宝血的感恩时，我们是在吸引圣灵的目光。

　　查里斯·卫斯理（Charles Wesley）美妙的颂诗如此说："我的心啊，要兴起，神的灵必回应宝血"。当我们宣扬耶稣宝血这真理的时候，圣灵说："那正是我想要去的地方，那些人所说的正是我爱听的。"

吃喝主的血

耶稣说："**吃我肉，喝我血的人就有永生。在末日我要叫他复活。我的肉真是可吃的，我的血真是可喝的。吃我肉喝我血的人，常在我里面，我也常在他里面。**"（约六 54-56）

　　这个概念冲犯了耶稣的一些门徒，使他们不再想跟随祂了，这在今天仍然使人引起敌对情绪。毕竟，血总是相当冒犯人的，人人都不想看到血。我每想到血就倒胃，年幼时，看到血就作呕。

　　然而，有些冒犯的事却是必需的。十字架是一种冒犯人的事，但没有它就没有救赎，没有希望。我们的希望完全取决于耶稣宝血的益处。

　　约翰福音六章 53 节说："**耶稣说，我实实在在的告诉你们，你们若不吃人子的肉，不喝人子的血，就没有生命在你们里面。**"

　　生命是在血中！

　　我们必须吃喝耶稣，必须支取祂宝血为我们成就的事。

　　宇宙中只有一位拥有生命在自己里面，那就是神。我们没有一个人自身有生命，因为人在自己里面没有生命的源泉。人都要靠另一个源泉维持生命。

　　其实那正是"生命"这个词原文意思的精髓。它描写了生命不是自发的，而是需要依靠的。亚当成了有灵的活人，他的生命取决于神把气吹进他里面。

　　哥林多前书十五章 45 节说："**首先的人亚当成了有灵的活人**"，末后的亚当，"**成了叫人活的灵。**"神使耶稣自身有生命，耶稣赐人生命。

　　本章一开始就引用耶稣的话：

　　"**盗贼来，无非要偷窃，杀害，毁坏。我来了，是要叫羊（或作人）**

得生命，并且得的更丰盛。" （约十 10）

所有的人都依靠神得生命，神给我们的唯一永生渠道就是耶稣的宝血。如果我们想得生命，就必须承认它借耶稣的宝血临到我们身上。你越多学会默想、敬重、感激你生命中耶稣的宝血，你的生命就会愈发充满、愈发丰盛。

我们又怎样吃喝耶稣呢？

领受圣餐，就是喝耶稣的宝血。这是支取耶稣带给我们的生命的唯一方式。

可见，当耶稣死在十字架上，为我们倾倒祂的宝血时，神的生命就释放到宇宙中了。现在任何人只要通过相信耶稣就可以领受它。在那之前，神的生命只限于在神自己里面。

耶稣在十字架上代死所发生的事，是人的脑子无法想象的！耶稣宝血的倾倒释放了整个神的生命，这生命只有借祂的宝血才能临到我们。没有血就没有生命的信道。

我与妻子结婚的二十年内，过着游牧式的生活。我们时常旅行在外，很少长期居住在一个固定地方。但我们发现可以用某些每日惯例来引进一定的稳定因素。

有一项对我们最宝贵的事，是每天早晨在开始日常事务之前一起领圣餐。

作为一家祭司的我，每天早晨为妻子和我设圣餐，我们一起口里承认说："主啊，我们感谢祢，在耶稣的宝血里，我们领受神的生命是神圣的、永恒的、无止境的生命"。

那是这么多年来我们坚信的事实，我今天仍然相信它。

支取这个替换

你愿意用口承认来支取这第四个替换吗？

耶稣受了我当得的死，好叫我能分享祂的生命。
耶稣，感谢你赐给我你的生命！

第七章、祝福代替咒诅

现在我们来看十字架上替换的第五方面：从咒诅转向祝福。

加拉太书三章 13-14 节明确地阐明这一点：

"基督既为我们受了咒诅，（'受'原文作'成'）就赎出我们脱离律法的咒诅。因为经上记着，凡挂在木头上都是被咒诅的。这便叫亚伯拉罕的福，因基督耶稣可以临到外邦人，使我们因信得着所应许的圣灵。"

这两节圣经说明了这个替换：每一个可能临到我们头上的咒诅都临到了耶稣的身上，好叫一切祂当得的祝福可以让我们因信得到。其实耶稣是取代我们的位置成为咒诅，好叫我们可以得着"亚伯拉罕的福"。

亚伯拉罕是在哪些方面蒙祝福的呢？创世记二十四章 1 节启示了答案："**亚伯拉罕年纪老迈，向来在一切事上耶和华都赐福给他。**"

可见，亚伯拉罕的福覆盖我们生命中的每一个领域，这些福气，因着我们相信耶稣在十字架上为我们成为咒诅所带来的替换，临到了我们身上。

为了开始分析咒诅和祝福的本质，我们应当回到前面开始提到的关键经文：

"无知的加拉太人哪，耶稣基督钉十字架，已经活画在你们眼前，谁又迷惑了你们呢？"　　　　　（加三 1）

到了第 5 节，保罗又提醒加拉太的基督徒，神是"那赐给你们圣灵，又在你们中间行异能的"。用现代的语言来说，这些基督徒是被圣灵充满的基督徒。然而，保罗却说他们是受了迷惑的人。这是一句多么令人惊讶的话啊！那么，保罗为什么这样说呢？

答案是，因为他们失去了十字架上的异象。保罗说："耶稣基督钉十字架已经活画在你们眼前，"但不知出了什么事使得他们对十字架的异象变得模糊不清了。其实，一股邪恶的撒但势力已钻了进来，阻挡了他们对十字架的认识。借着使用"受迷惑"这个词，保罗实际上是称那股势力为巫术。

巫术的欺骗

分析巫术不在本书范围内。但得救、被圣灵充满，或看到神迹奇事并不保证我们不受迷惑，明白这一点很重要。撒但的影响仍然可能运行在基督徒当中，其主要意图是遮掩十字架。如果我们失去了十字架的异象，就不再拥有得着神的预备的根基了，因为这是神给我们提供的全备预备的惟一根基。

此外，十字架也是耶稣击败撒但和牠国度的地方。保罗在歌罗西书二章 15 节写道：**"既将一切执政的掌权的掳来，明显给众人看，就仗着十字架夸胜。"**

撒但永远也不能解除牠因十字架所受的惨败。但牠狡猾的计谋使基督徒们认识不到十字架上所成就的好处。

保罗几乎在每一封书信的开始，都为收信人感谢神在他们身上所成就的事。即使使徒保罗不得不斥责哥林多教会乱伦、奸淫和在领主的圣餐时醉酒等，他也在写给哥林多教会的第一封书信中，为神给他们的恩典而感谢神（林前一 4）。

然而，当保罗写信给加拉太基督徒时，几乎马上就表现出极大担忧：**"我希奇你们这么快就离开……去从别的福音。"**（加一 6）

问题出在哪里？不是醉酒或不道德的行为，而是律法主义。保罗对律法主义比对肉体上的罪更不安。

两种结果

这种巫术导致的结果表现在两个方面：

第一，他们变得体贴肉体。保罗在加拉太书五章 13-24 节中，发出了有关肉体的严厉警告，如奸淫、污秽等。巫术一定是为这些肉体上的罪开了路。

第二，他们试图靠守一套规条来达到义。一旦失去了十字架的异象，加拉太人变得非常地教条。

接下来我们来看律法主义的两个简单定义：

1. 律法主义是试图靠守一套规条来与神称义，这是神永远杜绝的。我曾经对一大群基督徒讲道时无意地说到："当然，基督信仰不是一套规条。"他们竟诧异地看着我。我想，如果我说"世上没有神"这样的话，他们或许都不会那么吃惊。然而，事实是基督信仰不是一套规条。守规条不是与神称义的途径。

2. 律法主义是在神话语所定义的"义"上添加额外要求。没有人可以在神的要求上添枝加叶，神的这些要求很简单，列在罗马书第四章后半部分，就是我们"信神使我们的主耶稣从死里复活……耶稣被交给人，是为我们的过犯；复活，是为叫我们称义。"

记住，"称义"的意思是"就像我从没有犯过罪一样"。

不要忘记"称义"这个词！没有节外生枝的必要了。

没有人可以加添更多的要求。但加拉太教会已经变得既体贴肉体又教条。这也使他们来到一个咒诅之下。这通常是从相信恩典的福音，转向偏信行为的福音之人的必然下场。

保罗在加拉太书三章 10 节总结："**凡以行律法为本的，都是被咒诅的。因为经上记着，凡不常照律法书上所记一切之事去行的，就被咒诅。**"

当你靠守一套律法与神称义时，如果你在任何时候触犯，那么你就在咒诅之下了。你有义务在任何时候守全整个律法，否则你就不能靠它称义。

出路

幸好保罗并非仅仅提出问题，他也启示了一个摆脱咒诅的途径。

如果你思想耶稣在十字架上受死的情形，你就会了解在咒诅之下的恐怖。祂被钉在十字架上，受尽了羞辱和痛苦，门徒都离开了祂，祂自己的人也拒绝祂。祂在这世上一无所有，连天上的父神也离弃了祂，在一片属灵黑暗中，祂痛苦喊叫，气就断绝，那正是咒诅的全盘代价。

今天的问题是绝大多数的基督徒对咒诅毫无概念，不知道它如何运作，甚至不会识别它。通常我们知道自己生病、犯罪，但当我们在咒诅之下时，也许既不明白问题的实质，也不知道该怎样对付它。

然而，这正是神命定的第五项替换所成就的事：我们可以从咒诅之下蒙救赎，因为在十字架上耶稣成为咒诅，好叫我们得以从咒诅之下得救赎，进入亚伯拉罕的福分之中，这福分包括我们生活的每一个领域。

咒诅和祝福的实质

咒诅和祝福的实质是一个很大的主题。直到我卷了进去，才意识到它是多么地庞大！我从中学到的功课，对人们所带来的影响力也超过任何其它神给我的信息。它是一个改变生命的启示。

咒诅和祝福基本上就是言语，是写下来的文字，或口中说出的话，或者可能只是单纯的意念。但它们是满载超自然权柄和能力的言语。

正如箴言十八节 21 节指出："生死在舌头的权下。"

在申命记二十八章中，摩西列出了祝福和咒诅的范围。该章前十四节描写祝福，余下的五十四节描写咒诅，既长又可怕。头脑正常的人都希望远离它们。

祝福和咒诅戏剧般地、或好或坏地影响和改变着人们。通常它们一代一代传下去，直到采纳一定的行动来中止它们。圣经中的一些祝福和咒诅发出的效应已达四千年之久，今天仍在延续。

我们生命中有些问题，我们自己无法找出源头，惟有追朔到以前的历史，乃至许多、许多代之前。我们可能裹在一个我们不知道该怎样解决的问题当中，直到我们能识别它的本质为止。而且，祝福和咒诅皆有的特色是它们不断延续，不一定是永远，但常常是好几代。

比如，在十诫中，出埃及记二十章 5 节，神说如果我们敬拜假神或制造偶像，祂 "必追讨他的罪，自父及子，直到三四代"。那是一个典型的咒诅。东方以及南亚众多的人，祖先二、三代都是拜偶像的，在那里事奉使我亲眼见到这是多么地真切！我也亲眼见到使他们从那个咒诅之下得释放的巨大果效。

这里我简单总结申命记二十八章列出的祝福和咒诅，我建议你自己去读这一章，然后决定是否同意我的总结。

祝福

1. **个人受抬举**：受人抬举和荣耀。

2. **多产**：指一个人在生命的每一个领域，不论生育、经济、关系、创造力，都都结果累累。

3. **健康**：也许你生病时，才不会真正体会有健康的身体是多么大的福气。你当常常为自己的健康感谢神。

4. **享通或成功**：圣经说的"享通"不是指享受丰裕的物质，而是指成就神的旨意，遵行祂的旨意。在约书亚记一章 8 节中，耶和华应许约书亚道路享通，凡事顺利。然而，这位以色列的领袖忙于战事，常常面对百般危险，露宿野地，生活艰苦。

5. **得胜**：福气给每一种争战带来得胜，使我们可以进入神的旨意当中。

6. **做头不做尾**：多年前我问主，做头和做尾的区别是什么。祂给了我一个简单的答案：头做决定，尾被人拖着走。请问：你是头，还是尾？你有决定权吗？你的计划实施得成功吗？又或者你是压力、势力、环境的受害者，被拖来拖去，不知前面道路？

7. **居上不居下**：这与做头不做尾密切相关。

咒诅

申命记二十八章中的咒诅正是祝福的相反：

1. **受羞辱**

2. **不生产或不生育（是多产的反意词）**：不育几乎总是一个咒诅的结果。

3. **各种疾病**：有一种疾病特别指明是出于一种咒诅，那就是代代相传的遗传病。

4. 贫穷、失败
5. 击败、与得胜的福气正相反。
6. 作尾，不作头。
7. 居下，不居上。

七个显明咒诅的迹象

以下有七个显明咒诅的迹象，是我在事奉中对众多之人的观察所得。这些迹象并不是照搬申命记 28 章，但却发现它们和申命记 28 章是如此惊人相似！如果你只有其中某一个问题，那未必就是咒诅。但若你有其中好几个问题，就几乎肯定是在咒诅之下了：

1. **精神或情绪上的崩溃**
2. **周期性或慢性病**：特别是遗传病，正是咒诅的实质。
3. **妇科病（不育、流产、痉挛性痛经、等等）**：在我对病人作属灵辅导时，如果一个妇人有其中一类的问题，我一般就认为它是咒诅，有许多妇人的见证她们生命中的咒诅被取消之后，完全摆脱了这些症状。
4. **婚姻解体，亲人疏远**：有些家庭不能团聚。夫妻离异、再婚，儿女也与自己的父母疏远。
5. **经济不足**：大多数人都经历过经济缺乏，我也不例外。但若总是挣扎，总是不够，那就可能是咒诅了。
6. **易出事故**：如果你是这样的一类人，老有事故在你身上发生 -- 走路会扭伤；坐在车里别人也会来撞你 --- 你应该是在咒诅之下。一个典型的问题是："为什么老是发生在我身上？"
7. **家庭中有自杀或非自然死亡的历史。**

自从神让我投入这事工，我在世界各地服事众多的人，从中学到许多客观的功课，也了解咒诅是怎么一回事。

咒诅好比过去一道阴影，你也许不知道它从何而来，甚至它并非源于你的有生之年。它也许与你的家庭背景有关，蔓延遮蔽你的一生，使你得不到神祝福的阳光。你看见周围的人在这阳光之下，但自己却极少享受到这阳光。你也许根本不知道这是来自过去的咒诅。

咒诅犹如长在你身后一条又长、又恶的膀臂，不时地绊倒你或把你推到一边。

你努力挣扎，好不容易可以说："这下可把样样事情掌握起来了！"然而，这时又节外生枝，成功又从你手心溜走了。你又重新走过这痛苦的挣扎，抵达同样的水准，邪恶的事却又再次把你绊倒，这成了你生命的一个模式。

也许你回首看你的父母、祖父母、亲戚，他们的生命模式竟然也是如此！

咒诅，并不总是使一个人明显地不成功。我在东南亚遇到一位女士，出于皇家血统，受过高等教育，是一位成功的女法官。

在我教导"祝福"与"咒诅"这主题之后，她来对我说："我并不在你描述的范围内。我一向都很成功。"

然而，她补充说："我很灰心。虽然我相信耶稣，但似乎从来没有得到祂的福气"。

我与她深谈几分钟之后，发现她的几代祖先都是拜偶像的家庭，我指出这也许是问题的本质。事实证明就是这么一回事。她认清问题，满足了神的条件之后，我们就可以一起除去这与祖先拜偶像相连的咒诅。

咒诅的实质可以由一个词来表示："感到灰心"。你不成功可能使你灰心，成功也可能使你灰心。今日世上有许多成功却很灰心的人。

什么造成咒诅？

以下是使咒诅临到一个人身上的八个缘由：

1. **拜偶像**：一切咒诅的主要缘由是偶像崇拜，这是触犯了十诫当中的前两诫。拜偶像，包括整个邪术领域，无可避免地总是导致某种咒诅。那些钻研邪术的人是从假神那里求帮助，他们本是应当单单从真神那里求得。他们与那些制造偶像或敬拜假神的人一样临到同样的咒诅之下。

2. **假宗教和秘密团体：**按照圣经的标准，凡是拒绝圣经启示，否认耶稣基督的神性和角色的宗教，都是假的。这包括了秘密团体，我从许多例子得出总结，与秘密团体有关的家庭都可能在咒诅之下。

3. **对父母持错误的态度：**以弗所书六章2-3节说："要孝敬父母，**使你得福，在世长寿**"。子女孝敬父母并不意味着必须盲目同意他们，父母可能犯错，但子女仍然要孝敬他们。今天许多人可能对父母持错误的态度，这比以往几代都甚。

当年轻人来寻求帮助，我总是查询他们与父母的关系。一个人得救并彰显圣灵的恩赐，死后也会上天堂，但若没有好好对待父母，就不可能在今生得福。

4. **对弱者不公正：**神总是看顾弱者和受压制的人。弱者、无助之人最好的例子莫过于未出生的婴孩了。如果你有意促使堕胎行为，就给自己的生命带来一个咒诅了。

5. **反闪族主义：**咒诅的第五个缘由是恨恶犹太人，说反对他们的话。当神呼召亚伯拉罕时，祂说："那咒诅你的，我必咒诅。"这应许从约瑟又传到雅各以及他们的后代身上。一个人若敌对或反对犹太民族，就永远不能得福。

一位美籍巴勒斯坦阿拉伯人见证自己和祖先都曾经个别地咒诅过犹太人。他悔改之后，就从那咒诅之下得释放了。神使他兴盛起来，在他的属灵、家庭、生意等各方面都以惊人的方式祝福他。今天他勇敢地告诉人们——特别是他的同胞阿拉伯人——若想得到神的祝福，必须改变对犹太人的态度。

6. **我们自己的言语：**一些最普遍的咒诅是自己加给自己的，例如："我永远是个废物！"，"这样的倒霉事总发生在我身上。"，"不行了，我应付不来了……"。当你说出这类话时，就是把咒诅加在自己身上了。

我辅导过好些人，他们都需要从死亡的灵之下得拯救。他们说："活着有什么用？我倒不如死了吧！"这是在对死亡之灵发出邀请："请进来，我欢迎你！"。这无异引火自焚！

这事非同小可，而且千真万确！(本章结束时，有一个求从死亡之灵中得释放的祷告，供你参考。)

7. **权柄所说的话**：一些咒诅出自关系上的权柄，例如父母或丈夫。许多父母对子女生气，不顾后果地吐出一连串苦毒、忿恨的话："笨蛋！""竟然有像你这么毛手毛脚的人！""你这一辈子都没出息！"

我曾为一些人祷告，他们到了中年时期，仍然为父母在他年少时对他说过负面的话而挣扎。

神赐丈夫权柄作妻子的头。丈夫对妻子发出的言语也可能带来咒诅。在创世记三十一章，雅各的岳父拉班指责他的家人偷窃家里的偶像，雅各并不知道是他心爱的妻子拉结偷了，他如此回应："至于你的神像，你在谁那里搜出来，就不容谁存活。"(创三十一 32) 结果后来拉结临盆时，死于她丈夫的咒诅之下。当然，在她偷了父亲家里的神像时就已经犯罪了。

想像一位丈夫对妻子说："妳根本不会做饭！让我吃了就作呕！"就算她多有能力，在许多其它方面很干练，但一进去厨房她就不知所措了。丈夫其实是在给自己加上了咒诅，他可能余生都有消化不良之症！这听起来很好笑，但真的会发生。

8. **巫医**：最后一个咒诅的缘由是巫医或中国人所说的巫婆、道士等，他们使用的是有杀伤之力的撒但能力。的确有许多人被巫医杀死。许多大城市都有巫士，专门祷告破坏基督徒信仰和婚姻。他们最高的目标是毁灭耶稣基督的教会。

有些人认为巫婆或道士大有能力，有需要或有问题就去找他们。许多自称为基督徒的人，如果不能从神那里得到他们想要的东西，就去找巫医解决。

怎样获释放？

现在我们来到从咒诅中得释放这个步骤了，感谢神在十字架上的替换！

1. **识别**：求神向你显明问题所在。这里所说的，全在于帮助你识别问题所在，也许你灵光一现，认识到自己如何给自己加上咒诅，或看到问题始于祖先。

2. **悔改**：如果你曾参与任何邪恶的事，就当悔改。比如你可能曾参与秘术、算命、占卜、占星、碟仙，或看过有关方面的书，拥有咒符或各种偶像，你就应当悔改并及时处置、烧毁这些东西！也许是你的父母、祖父母或其它祖先，为你的家族带来了咒诅。你在这方面是无罪的，但也许你在承受其恶果。为了洗清你背景中的罪，要代那些该负责任的人悔改。

3. **弃绝**：不论是什么咒诅，你都要宣告："这与我没有关系！我已经因耶稣的宝血得救。我相信祂的救赎，祂在十字架上承受了我当受的咒诅，叫我可以领受祂当得的好处。"这样，你就弃绝或撤消那咒诅了。

4. **抵挡**：圣经说："故此，你们要顺服神，务要抵挡魔鬼，魔鬼就必离开你们逃跑了。"（雅四 7）你必须先顺服神，魔鬼才会逃开。否则，魔鬼会当面耻笑你。有些基督徒把次序弄颠倒了，他们顺服魔鬼却抵挡神！你也许也是如此，服于撒但的压力与攻击之下，任凭牠欺压你。那就是不信神！

   你当站稳立场，抵挡魔鬼。向牠宣告："我是神的儿女，任何咒诅都不得临近我！我已经由耶稣的宝血得赎，脱离魔鬼的手掌了。"

诗篇一○七篇 2 节说："愿耶和华的赎民说这话。"你的救赎只有在你作个人见证时才真正有效。记住："弟兄胜过它，是因羔羊的血和自己所见证的道。"（启十二 11）

大声重复宣告：

"耶稣的宝血已将我从魔鬼的手中救赎出来了！"

如果你感到有死亡的灵笼罩着你，就要开始宣告诗篇一一八篇17 节："**我必不至死，仍要存活，并要传扬耶和华的作为。**"

我不记得宣告过这节经文多少次了，我常常发现自己身处属灵之战中。这样的宣告可以使生命完全改变过来。

口里承认这个替换

现在让我们把十字架上这特别的替换运用在你的生命中，也许你感觉到自己的生命中有咒诅，但你相信耶稣在十字架上成为咒诅，叫你从咒诅中得赎出来。

如果你乐意满足神的条件，下面的祷告可以覆盖从咒诅下得释放所必要的每一种情况。

请大声宣告

现在，你可以用自己的话来感谢祂，领受祂为你所成就的，以及那些祂在继续为你所行的事。

遵行从咒诅下得释放的步骤，承认神的替换，但并不从此自动解决你所有的问题。然而这的确为你前面的生命打开了一条新路。

我认识许多从咒诅下得释放的人，有些人必须长期打剧烈的争战。改变不一定一夜间就发生，你必须作好准备不断地抵挡魔鬼。

**"我已经具备得释放的条件，我是神的儿女了！
魔鬼，你没有任何把柄了，从我面前滚开吧！离开吧！"**

当撒但知道你真的相信所说的话，祂就会逃遁无踪了。所以，在对付一些剩余问题时不要灰心，你已经面向光明走去，你是走在正确的路上。

我向你保证，在耶稣里面，你总是有盼望的！

第八章、充足代替贫乏

耶稣在十字架上的受死为祭，是一次性完美、全备的献祭，适用于每一个人，每一个世代的需要。祭的实质是一个替换。在十字架上，一切我们该得的恶临到耶稣身上，使一切属于耶稣的好处可以赐给我们。这不是我们可以赚取得来的，以弗所书二章 8 节说：**"你们得救本乎恩，也因着信"**。恩典覆盖耶稣在十字架上为我们所做的一切。现在我们来探讨属灵替换的另一个方面：

> **"你知道我们主耶稣基督的恩典。他本来富足，却为你们成了贫穷，叫你们因他的贫穷，可以成为富足。"** （林后八 9）

这个替换是：耶稣忍受了贫穷，叫我们分享祂的充足。

你同意贫乏是一件坏事吗？我知道有些基督徒情愿清贫度日，我也尊重他们的选择。但大部分情况下，贫穷不是出于选择，而是出于无奈。我周游世界各地，眼见许多不同国家的贫困，对我来说，贫困是一个咒诅。

与贫乏相对的是"富裕"，但我较喜欢用"充足"这词。我不相信基督徒驾奔驰车，或住在有游泳池的房子是属灵的标记，然而，我的确相信神给我们的是充足的。意思就是足够自己的需要，还有剩余的送给别人。那正是神的供应水准。

哥林多后书九章 8 节，保罗为属神的仆人总结供应的水准：**"神能将各样的恩惠，多多的加给你们。使你们凡事常常充足，能多行各样的善事。"**

这是多么令人惊讶的一节经文啊！在原希腊文中，"凡"这个字出现了五次，"充足"出现两次，这是神为祂的仆人供应的水准。

请留意那只是借恩典而领受来的，不是我们配得或赚取来的。纯粹是因信基督在十字架上为祭而领受来的。

有一个谚语形容贫穷为"像教堂里的老鼠"。这给人的印象是基督徒最好期待贫穷加苦难。如果你也有这种想法，也许需要求神使你从传统思念的捆绑中解救出来。

申命记二十八章是有关祝福和咒诅的篇章：

"这一切咒诅必追随你，赶上你，直到你灭亡。因为你不听从耶和华你神的话，不遵守他所吩咐的诫命律例。因为你富有的时候，不欢心乐意地事奉耶和华你的神，所以你必在饥饿，干渴，赤露，缺乏之中事奉耶和华所打发来攻击你的仇敌。他必把铁轭加在你的颈项上，直到将你灭绝。"（申二十八 45、47-48）

当我们因不信或不顺服，不能在丰富中欢喜地事奉神，神说我们会经历四样事：饥饿、干渴、赤露、缺欠。把它们放在一起，你得到的是什么？赤贫。

让我跟你分享一个启示，是多年前我外出巡回布道时临到我的。当时邀请我和已故妻子的人向我们保证他会付所有的相关费用。但当我们抵达时，他们却付不起我们的旅费。他们说："你得靠讲道收奉献了。"

记得当时我讲有关祝福和咒诅的经文，圣灵在我脑海浮现耶稣钉在十字架上的画像，让我看到贫穷的咒诅临到耶稣身上，祂又饥又渴。祂临终所说的其中一句话是**"我渴了"**。祂赤身露体，死去时几乎一无所有。祂被埋在一个借来的坟墓里，身穿一件借来的袍子。

那天，这个真理临到我身上，耶稣在十字架上受尽贫穷的咒诅，那不是出于祂自己的贫穷。耶稣能够在山上一次使五千多人吃饱，祂绝不贫穷！用现代语言来说，耶稣有父神的信用卡，到哪里都管用！在祂上十字架之前，说耶稣贫穷，是误导人。

然而，在十字架上，耶稣受尽了贫穷的咒诅。在又饥、又渴、又赤身露体，样样都缺乏之下，再没有比这更大的咒诅了，没有什么能比那更穷了！

那启示以某种方式渗透到那天参加聚会的三、四百人心中，这些人并非特别富有，但他们的奉献充充足足地供应了我们的旅费。他们领受了一个十字架的启示，耶稣受尽了贫穷的咒诅，好叫我们得到丰富的祝福。

三个层次的供应

供应有三个层次：不足、足够、充足。不足是入不敷出，如果你需要一百块钱买菜，手中却只有七十五块钱，那就是不足；若有一百块钱，正好够开销，那就是足够；如果你有一百二十五块钱，那就是充足。

"充足"源于拉丁文字，原意是"拍打上岸的浪花"。你应当是一位被神的浪花席卷的人。

神要祂的儿女充足有余。保罗对以弗所教会的长老说：

"我凡事给你们作榜样，叫你们知道，应当这样劳苦，扶助软弱的人，又当记念主耶稣的话，说，施比受更为有福。"（徒二十35）

神给我们充足的预备，使我们不仅领受，而且能够给予，从而领受更大的福气。

施予是基督徒生命的一个重要部分，这不意味着我们要奉献大笔金额。神在旧约出埃及记三十四章 20 节命令祂的子民："**谁也不可空手朝见我**"。诗篇九十六篇 8 节说："**要……拿供物来进入他的院宅**"。不要空手来到神面前。

记住，神不需要你的小费！当奉献袋传到你面前时，不要把手伸进口袋，尽量找一个最小额的钱把它放进去，那不尊重神。你不是非要奉献不可，但如果你奉献，要以一种尊重神的方式奉献。记住，奉献是敬拜的一部分。如果我们不以奉献敬拜，就不应当奉献。

许多见证表明，当神打动人心时，人们很热衷于施出。圣经说神喜爱"捐得乐意的人"。我在非洲见过一些捐得乐意的人，虽然他们只有极少的钱，但他们仍会带着供物，如头顶着咖啡豆昂首挺胸地走到教堂的前方。也许神又感动他们奉献一些玉米棒，甚至一只活鸡。他们真是捐得乐意的人。

一个更高层次的丰富

再提醒一句。如果你所有的财富包括房子、有价证券、豪华车、湖边别墅，请记住一件事：当你死去时，什么也带不走，只有灵魂是踏入永恒的。

世上有更高层次的丰富。箴言八章 17-18 节，是神的智慧在说话："爱我的，我也爱他。恳切寻求我的，必寻得见。丰富尊荣在我。恒久的财并公义也在我。"

留意"恒久"这词。这世上没有什么是恒久的，我们什么也带不走。那么，什么是恒久的财呢？

首先，是我们奉献给神国的一切。耶稣说："凡为我的名撇下房屋，或是弟兄，姐妹，父亲，母亲，（有古卷添妻子），儿女，田地的，必要得着百倍，并且承受永生。"（太十九 29）

把自己的财物奉献给主，就是恒久的财富。你奉献的百倍回馈就等于百分之一万，这是很不错的利息！

然而，神的祝福不总是物质上的丰盛。保罗道出了我们在这世上可以从两方面事奉神，那也是恒久的财富：

"因为那已经立好的根基，就是耶稣基督，此外没有人能立别的根基。若有人用金，银，宝石，草木，禾楷，在这根基上建造。各人的工程必然显露。因为那日子要将他表明出来，有火发现。这火要试验各人的工程怎样。人在那根基上所建造的工程，若存得住，他就要得赏赐。人的工程若被烧了，他就要受亏损。自己却要得救。虽然得救，乃像从火里经过的一样。"（林前三 11-15）

保罗列出两类不同的事奉：一是量大质低，草木禾楷；二是量少质高，金银宝石。数量虽小，但却经得起火和时间的考验。不要积攒草木禾楷，因为一经火就转眼化为乌有。

恒久的财富是我们生命中充满的神话语真理和圣灵大能的祝福，这些能促成基督徒的品格，带来生命的建造。通常数目不会很大。尽管教会多注重人数，但关键不在于教会成员有多少，而在乎她是否养育门徒。

耶稣从来没有吩咐我们发展教会成员，祂指示我们使人作主的门徒。我在事奉神多年的经历中观察到，如果你是在使人成为主的门徒，你通常由小数目开始，正如耶稣所做的那样。但是他们自己又会去开花结果，长期下来就会愈发增多，这是在质上面增长，而不在量上面扩大。

正确的观点

我要以两段经文来结束本章，帮助使我们正确地看待神供应的富足。

一、箴言十三章 7 节：

"假作富足的，却一无所有。装作穷乏的，却广有财物。"

有些人刻意放弃世上的物质财富，使他们自己物质贫乏，但在属灵上他们却广有财富。我想保罗正是其中的一位。

二、哥林多后书六章 4 节：

"反倒在各样的事上，表明自己是神的用人……"

这是保罗的见证，接着他列出了自己与同工们经历到的一连串的事，大部分不在一般圣经学院的课程栏目中。他们把自己交托给忍耐、患难、贫穷、困苦、鞭打、监禁、扰乱、勤劳、儆醒、不食。（林后六 4-5）

保罗接着列举出自己与同工们作为神的用人自我称许的事："似乎不为人所知，却是人所共知的。似乎要死却是活着的。似乎受责罚，却是不至丧命的。似乎忧愁，却是常常快乐的。似乎贫穷，却是叫许多人富足的。似乎一无所有，却是样样都有的。"（林后六 9-10）

贫穷是一个咒诅，神的供应是丰盛的，但是不要单单专注在物质领域，因为当你离世的时候，那也就了结了。对那些把优先次序弄得清楚的人，神赐他们更大、恒久的财富。

支取这个替换

让我们再一次用口来承认这个替换：

耶稣担当了我的贫乏，好叫我分享他的富足。
感谢耶稣，给我赐下祢的富足。

第九章、荣耀代替羞辱

现在我们来到十字架提供的两方面情感上的医治，就是医治羞辱和被拒绝造成的伤痛。

我们已经多次读到以赛亚书十三章 5 节：**"因他的鞭伤，我们得医治"**。这在身体、情感上都是真实的。

情感上的伤痛有许多，十字架也都能提供了医治。但是羞辱和拒绝是人类忍受的最普遍、最隐藏的情感伤痛。

羞辱

羞辱的反义词是荣耀！耶稣在十字架上忍受羞辱的创伤到了极点，好叫我们从中得医治。耶稣容忍了我们的羞辱，我们反过来可以分享祂的荣耀。

本章我们将讨论十字架的羞辱，探讨今天人们承受羞辱的一些原因，以及如何寻求医治。

我的事工最大的特权莫过于看到人们从羞辱和被拒绝所造成的创伤中得医治。神的救药不只是理论或神学，而是非常有效的！我相信如果你按着一个原则，你就能自己找到医治。这原则就是借基督代死为祭而为我们提供的医治。如果你有教导或辅导的职事，你就会有特权引领别人得到医治。

我从多年的辅导和事奉中看到一点，羞辱是神的子民最普遍的感情上的问题。此外，信徒羞于让别人知道他们有问题。在某种意义上，羞辱相当于把你关进了一个囚牢。

作为圣经依据，我们来看希伯来书二章 10 节：**"原来那为万物所属，为万物所本的，要领许多的儿子进荣耀里去，使救他们的元帅，因受苦难得以完全，本是合宜的。"**

神允许耶稣忍受痛苦，好叫我们进入祂的完全。请留意神的目的：要领许多儿子进荣耀里去。如果你是神的儿女，必定能进入荣耀里。在十字架上，耶稣忍受了你的羞辱，好叫你分享祂的荣耀。

希伯来书十二章 2 节也带出了基督忍受我们的羞辱这个主题，它如此勉励我们：**"仰望为我们信心创始成终的耶稣。他因那摆在前面的喜乐，就轻看羞辱，忍受了十字架的苦难，便坐在神宝座的右边。"**

耶稣在十字架上所忍受的羞辱是我们难以想象的，但那不能击倒祂。因为祂专注于摆在前面的喜乐，没有任何东西能转移祂完成神旨意的心。摆在祂前面的喜乐就是：要领许多儿子进荣耀里去。为了把罪人领到荣耀里去，祂忍受了十字架上的羞辱。

十字架上的羞辱

许多年前，我和前妻参与帮助两位从苏联逃出来的犹太妇人，过程很痛苦也很麻烦。当然，她们很感激我们的帮助。但在一个大热天我们要爬上一个陡峭的山坡，我心里还是有埋怨：我得为那两个妇人忍受多少痛苦？

神让我想起提摩太后书二章 10 节：**"所以我为选民凡事忍耐，叫他们也可以得着那在基督耶稣里的救恩，和永远的荣耀。"**

我所忍受的只是一点点不方便，岂能与耶稣在十字架上所忍受的相比！我大大自愧了。没有哪一种死比十字架更羞辱人了。这是为最卑鄙低下的罪犯预备的最低形式的刑罚。他们剥去耶稣的衣服，在众目睽睽之下赤露地钉在十字架上，路人耻笑他，他所忍受的尽是羞辱。

基督容忍了羞辱，因为祂知道，借此祂可以给我们带来荣耀。

新约圣经告诉我们有关耶稣在十字架上所忍受的主观方面的信息。四福音书的记载全都简单地说到**"他们就把祂钉十字架了"**。但旧约诗人和先知启示了耶稣所经受的一切。

再看回以赛亚书五十三章这篇伟大的赎罪篇章如何强调耶稣所受的羞辱：**"他被藐视，被人厌弃，多受痛苦，常经忧患。他被藐视，好像被人掩面不看的一样。我们也不尊重他。"**（赛五十三 3）

"被人掩面不看"，是因为太惨不忍睹了。前一节经文说耶稣**"也无美貌"**，祂甚至失去了正常人的形体，一切伤痛、青肿和新的伤口都暴露在众目睽睽之下，包括那些恨祂、把祂钉十字架的人，和那些路过的人。

诗篇六十九篇是极好的弥赛亚诗篇，它所指的不单是写这话的大卫，也指弥赛亚本人：**"因我为你的缘故受了辱骂，满面羞愧。"**（诗六十九 7）

我们从这里更了解耶稣在十字架上所忍受的。你有没有留意到，那些受羞辱伤痛的人不能正面看着你？羞辱遮满了受难的仆人的面。在诗篇六十九篇 1-2 节可以进一步瞥见：**"神阿，求你救我。因为众水要淹没我。我陷在深淤泥中，没有立脚之地。我到了深水中。大水漫过我身。"**

耶稣越发孤单地陷入人类卑鄙的罪的污秽中，得不着安慰。

诗篇六十九篇 4、8、9、21 这四节经文，在新约中被用在耶稣身上。

1. 约翰福音十五章 25 节：

    "这要应验他们律法上所写的话说，他们无故恨我。"

    耶稣把诗篇六十九篇 4 节用在自己身上：**"无故恨我的，比我头发还多。无理与我为仇，要把我剪除的甚为强盛。我没有抢夺的，要叫我偿还。"**

2. 马可福音十五章 13、14 节：

    "他们又喊着说，把他钉十字架。……他们便极力地喊着说，把他钉十字架。"

    耶稣自己的同胞，甚至自己家人都拒绝了他。诗篇六十九篇 8 节：**"我的弟兄看我为外路人。我的同胞看我为外邦人。"**

3. 约翰福音二章 17 节：

    "他的门徒就想起经上记着说，我为你的殿，心里焦急，如同火烧。"

    诗篇六十九篇 9 节应用在耶稣洁净圣殿的事上：**"因我为你的殿心里焦急，如同火烧。并且辱骂你人的辱骂，都落在我身上。"**

4. 马太福音二十七 34、48：

> "兵丁拿苦胆调和的酒，给耶稣喝。他尝了，就不肯喝……内中有一个人，赶紧跑去，拿海绒蘸满了醋，绑在苇子上，送给他喝。"

诗篇六十九篇 21 节应验在挂在十字架的耶稣身上："他们拿苦胆给我当食物。我渴了，他们拿醋给我喝。"

这事从来没有发生在大卫身上，但在他里面的弥赛亚的灵以第一人称说到耶稣在十字架上经历的事。

使徒解释旧约先知如何以第一人称说到从来没有发生在他们身上的事，但却在耶稣的生命中应验了："论到这救恩，那预先说你们要得恩典的众先知，早已详细地寻求考察。就是考察在他们心里基督的灵，预先证明基督受苦难，后来得荣耀，是指着什么时候，并怎样的时候。"（彼前一 10-11）

马太福音二十七章 35 节对十字架的实际描写是引用诗篇二十二篇 18 节（又是一篇弥赛亚诗篇）："他们既将他钉在十字架上，就拈阄分他的衣服。"

中文圣经这一节到此结束，但原文注释处说明有些版本另有一句话，诗篇二十二篇 18 节："为要应验先知的话：他们分我的外衣，为我的里衣拈阄。"

福音书的作者们只轻描淡写地说：他们将祂钉在十字架上，没有描写有关流血或痛苦的事。但若请现代的作者描写十字架，我想一定会花几页纸详细描述。但新约把它留给圣灵来添加我们需要知道的内容。

试想想那些拈阄分耶稣衣服的士兵。一般上，那时代的人身穿四件衣服，当时有四个士兵，本来每人可以各拿一件，但他们要拈阄看谁得到那件织料精细的无缝外袍，不容瓜分。试看看圣经的精确性！结果，耶稣被赤裸裸地暴露在十字架上了。

那些跟随耶稣的妇人又如何？根据约翰福音十九章 25 节，只有三位妇女——耶稣的母亲马利亚、革罗罢的妻子马利亚和抹大拉的马利亚——来到十字架跟前，其余的人都远远地站着。这又进一步表明耶稣是赤身被钉在世人面前。

今天的美丽十字架图画通常描绘耶稣穿着内麻衣，手脚上有一点血，头上戴着相当得体的荆棘皇冠，这并不能反映十字架上的实况。

然而，耶稣忍受了我们的羞辱，我们便可以从羞辱中得救，分享祂的荣耀。

为什么人们经历羞辱？

人们经受羞辱有好几个原因：

其中之一是过去羞辱的经历。这通常发生在学校，为了某种缘故，一个学生被叫到黑板前示众。课堂纪律很重要，但是那种惩罚使学生受羞辱，一个敏感的孩子可能因此而一辈子受到内在伤害。

另一个原因，是我们认识主之前所作的事情。有时回忆起来，禁不住会想："我怎么可能作出那样的事？"

还有一个受羞辱原因是儿童受性骚扰。可别以为这种事不会发生在教会里。我第一次发现这种事掩藏在教会一角时，简直不敢相信自己。我并非说消极的话，性污辱的确发生在执事的孩子身上，也发生在牧师的孩子身上。教会没有哪一个领域是例外的。

如果你参与属灵辅导，也许是在帮助一些受羞辱伤痛的人，他们在孩童时受过性骚扰。但要记住，这些感情伤痛在十字架上已经得着医治，那正是为什么耶稣赤身露体在十字架上的原因。

如果是你自己带着这种羞辱之伤，就让圣灵来安抚你。祂满有恩慈、温柔，又很实在。

不要逃避这个问题，记住这个好消息：在十字架上，耶稣忍受了所有可能临到我们任何人身上的羞辱，祂亲自担当了一切，把羞辱完全除去了。

约伯记有两段经文，说到向神"仰起脸来"。

1. 约伯记十一章14-15节："你手里若有罪孽，就当远远地除掉，也不容非义住在你帐棚之中。那时，你必仰起脸来，毫无斑点。你也必坚固，无所惧怕。"

我观察到许多与羞辱挣扎的人，在祷告时脸面总是朝下，没有向神仰起脸来。羞辱的一个记号就是不愿正视神或人。

2. 约伯记二十二章 26 节："你就要以全能者为喜乐，向神仰起脸来。"

这正是从羞辱中得救的人身上所发生的情形。

你也可以有这个经历！

口里承认这个替换

你当怎样从这羞辱之伤中得医治呢？因着信，这很简单。感谢耶稣背负了你的羞辱，使得你可以从中得释放。感恩，是信心最简单的表达。

现在，你只需要单单藏在神里面祷告：

"神啊，如果在我生命里有羞辱，
使得我不能抬起头来仰望祢，求祢使我得释放，不再有羞愧。
感谢祢容许我分享基督的荣耀。阿们！"

使徒彼得描写了这个替换的工作。他论到旧约的先知："论到这救恩，那预先说你们要得恩典的众先知，早已详细的寻求考察。就是考察在他们心里基督的灵，预先证明基督受苦难，后来得荣耀，是指着什么时候，并怎样的时候。"（彼前一 10-11）

让我们抓住这个事实：耶稣忍受了你的羞辱，好叫你可以分享祂的荣耀。

这是神为你的预备，既为今生，也为永恒！

第十章、接纳代替被弃

在前一章我们已经对付了羞辱这情感上的伤痛。本章我们要对付被弃。

被弃的反意词是被接纳。在十字架上，替换就这样产生了：耶稣担当了我们的被弃，好叫我们有祂的接纳。

我承认自己并没有经历过被弃绝导致的情感挣扎和伤痛。我总是认为被拒绝不是我的问题。当然这未必是好的态度。我曾经一直觉得，"你不喜欢我，那是你的问题"。后来，从客观上我理解了何为被弃。我一开始非常惊讶，几乎不相信人们所经历的！在我辅导那些受被弃之苦的人时，神也因此教导我，我开始同情、理解他们的感受。

被弃可以被描写为一种不被需要，不被爱的感觉。好像你总是站在外面。其它人都进去了，不知何故你总是进不去。

德兰修女（Mother Teresa）曾这样诊断人类的基本问题：最糟糕的病就是没有人爱。

约翰壹书四章 19 节说："**我们爱，因为神先爱我们**"。这是何等的真实！我们里面的爱不被唤醒，我们就不会爱神。人与人之间的爱也是如此。若非有人唤醒我们里面的爱，我们就没有能力爱别人。一个从来没有被爱过的人不懂得怎样去爱。很多经历弃绝之苦的人想爱却不能爱，因为在他们里面的爱从来没有被唤醒过。

被弃之感的原因

我相信，被弃是当今文化中最广泛的情感伤痛。被弃的其中之一缘由是家庭关系的破裂。

每个婴儿天生都有爱与被爱的需要。婴儿需要被拥抱，他本能地知道你喜欢抱他，把他搂在怀里。抽象的爱不能满足婴儿的需要，爱必须积极地表达出来。

心理学家得出结论：对每一个孩子来说，父爱是不可取代的。当然，母爱是独特的，但婴孩的安全感来自父亲的怀抱。当一个小小的婴儿被父亲结实的臂膀环抱着时，他会感觉很安全。然而，在当今的社会里，因为家庭关系的破裂，许多婴儿不能经历到父亲这种爱的接纳。

有时候问题可以追溯到出生之前的被弃。多年来我与许多需要从拒绝之灵中解救出来的人交谈过，这种被弃感在母腹中就临到他们。

例如，一个母亲喂养四个孩子已经够辛苦了，现在却又怀孕了。也许她憎恨这不受欢迎的小生命。她没有时间、金钱或其它的资源到来养大这孩子。她也许会想（甚至会说）："我真不应该怀孕，我巴不得没有这胎儿！"即使她没有大声说出来，肚里的小人儿已经感觉到自己不受欢迎，在他的生命中就有了被弃之灵。

另一个被弃的主要缘由是婚姻的破裂。今天，百分之五十的婚姻以离婚告终，夫妻双方都受了创伤。并非只是女子受苦，男人也同样深感被弃。

以赛亚书五十四章 6 节是针对锡安而发的，但作为一个模式，却适用所有被弃的妻子，及所有被弃受苦的人："**耶和华召你，如召被离弃、心中忧伤的妻，就是幼年所娶被弃的妻。这是你神所说的。**"（赛五十四 6）

今天世上有数不清的人因婚姻破裂而感觉被拒绝。试想象：一个女子结婚了，定意要有一个美满成功的婚姻。岂料却发现丈夫爱的是另一个女人！

我无法把自己放在她的位置上，完全明白及感受她们所经历的苦楚。但神可以，这是多么美好啊！

另一个被弃的缘由是因着外表仪容。今天年轻女子必须苗条纤瘦才受欢迎，那真是很荒唐！一些比较肥胖、不太漂亮、或衣著保守的女孩子，会因而感到被弃。男孩子也许身材矮小、动作不够敏捷、不擅长运动，也很容易感到被弃。

我们可以轻易地识别这是认同的问题。现在让我们来看如何解决。耶稣再次提供了解决方案，在十字架上祂经受了完全的被弃。

耶稣在十字架上被人厌弃

七百年前，以赛亚书五十三章 3 节就预告了十字架上要发生的事：**"他被藐视，被人厌弃，多受痛苦，常经忧患。他被藐视，好像被人掩面不看的一样。我们也不尊重他。"**

这位受难的仆人"被人厌弃"。约翰说：**"他到自己的地方来，自己的人倒不接待他。"**（约壹一 11）。他自己的弟兄，他母亲的孩子也弃绝他。

我们也在弥赛亚诗篇中看到这一点：**"我的弟兄看我为外路人，我的同胞看我为外邦人。"**（诗六十九 8）

留意它说到"我的同胞"，原文是"我自己母亲的孩子"而不是"我父亲的孩子"。许多有关弥赛亚诗篇中的预言说到弥赛亚的母亲，而没有说到父亲。当然我们知道，弥赛亚的孕育和出生是独特的。

凡经历过被弃的人需要意识到，耶稣也经历过被弃。祂自己的家庭和自己的人也拒绝了他。孤单的祂在最后时候，只有三个妇女守在身边。

被人弃绝是痛苦的，但那还不是最糟糕的，被天父拒绝才是主耶稣经历的最终极的被弃。

马太福音二十七章 45-47 节描写了耶稣在十字架上的临终情况：**"从午正到申初，遍地都黑暗了。约在申初，耶稣大声喊着说：'以利，以利，拉马撒巴各大尼。' 就是说：'我的神，我的神，为什么离弃我？'站在那里的人，有的听见就说：'这个人呼叫以利亚呢。'"**

人们不明白耶稣所说的语言，以为"以利"是以利亚的名字。

耶稣在十字架上时，人们两次让祂喝点东西。

马太福音二十七章 48 节：**"内中有一个人，赶紧跑去，拿海绒蘸满了醋，绑在苇子上，送给他喝。"**

马可福音十五章 23 节记载，人们**"拿没药调和的酒给耶稣"**，但祂拒绝了。没药是一种止痛药，可以某程度上减轻祂的痛苦。显然祂定意不加减缓地忍受这十字架上的痛苦。

然后，在最后一刻，他们给耶稣酸酒，味道是苦的，这也许是要让祂不至于昏迷。借着接受这酸酒，耶稣象征性地喝干了那被弃之杯，一点也不剩。没有人像耶稣那样在十字架上经历这样彻底的被弃。

"其余的人说，且等着，看以利亚来救他不来。耶稣又大声喊叫，气就断了。"　　　　（太二十七 49-50）

在整个宇宙历史上，神的儿子第一次祷告了而父神没有回应。这是为什么呢？

正如第五章所说，因为基督担当了我们的罪，神必须像对付我们的罪那样对付祂，神必须要拒绝祂，不接纳祂。祂不是死于被钉，而是死于一颗破碎的心。

耶稣究竟是怎样死去的？

新约没有记载耶稣内心的经历，旧约却清楚写明了。

让我们看诗篇六十九章 20-21 节："辱骂伤破了我的心。我又满了忧愁。我指望有人体恤，却没有一个。我指望有人安慰，却找不着一个。他们拿苦胆给我当食物。我渴了，他们拿醋给我喝。"

通常钉十字架不那么快造成死亡，新约证实了这一点："有亚利马太的约瑟前来，他是尊贵的议士，也是等候神国的。他放胆进去见彼拉多，求耶稣的身体。彼拉多诧异耶稣已经死了。便叫百夫长来，问他耶稣死了久不久。既从百夫长得知实情，就把耶稣的尸首赐给约瑟。"（可十五 43-45）

可见耶稣不应当这么快就死去了。从诗篇六十九篇和新约的记载推测，尽管耶稣被钉十字架最终会死亡，但那不是祂死亡的主因。

祂是死于一颗破碎的心！

认识这一点很重要，是谁伤破了祂的心？是被父神拒绝了，那是至终的拒绝。祂忍受了被弃，是为了叫我们蒙接纳。

再看马太福音二十七章 50-51 节："耶稣又大声喊叫，气就断了。忽然殿里的幔子，从上到下裂为两半。地也震动。磐石也崩裂。"

那殿里的幔子原是为了把罪人与圣洁的神隔开，这时却被撕成两段，宣告我们可以蒙接纳了。那幔子从上到下裂为两半，不是人可以做到的。

这是神的作为，那撕裂的幔子是父神对凡相信耶稣的人的邀请："进来吧，欢迎你，我的爱子担当了你的被弃，我赐给你我的接纳。"

> "愿颂赞归与我们主耶稣基督的父神，他在基督里，曾赐给我们天上各样属灵的福气。就如神从创立世界以前，在基督里拣选了我们。" （弗一 3-4）

这最终的选择不在于我们，而是在于神。

不要以为你得救是因为你作出了选择！你得救是因为神拣选了你，你是回应祂的拣选。你可能改变自己的主意，但神不会。

> "使我们在他面前成为圣洁，无有瑕疵。"（弗一 4）

多么惊人的话！如果不是基于神的拣选，我永远也不会相信我在神面前"成为圣洁，无有瑕疵"。

现代福音传播多有错误的强调，似乎一切取决于我们的行为。

不错，我们必须选择，但如果没有神的拣选，我们就永远也不能选择祂。如果你与神的关系不是建基在你的行为上，而是在神的作为上，你的安全感就会倍增。

神比你我可靠得多！

> "又因爱我们，就按着自己意旨所喜悦的，预定我们，借着耶稣基督得儿子的名分，使他荣耀的恩典得着称赞。这恩典是他在爱子里所赐给我们的。" （弗一 5-6）

在爱子里蒙接纳，显然这是至终的接纳！译为"接纳"的这词原意是"蒙大恩"。

在路加福音一章 28 节，天使加百列对马利亚说"蒙大恩的女子"，用的也是这个字。

"蒙大恩"比"蒙接纳"更美。神眼中没有次等儿女，祂所有的儿女不仅受欢迎，而且借着耶稣基督也是蒙大恩的人。

是神计划了这一切！

接受耶稣的工作

许多年前发生的一件小事，让我对这真理越来越清晰。那次我本来赶去一个大聚会讲道，已经快要迟到了。

我匆匆穿过广场，不料迎面与一个妇人撞了个满怀，也许是她撞了我。

我惊魂稍定，她说："哦，叶先生，我正祷告求问神，如果祂要我与你交谈，就让我们遇上。"

"哦，我们的确碰面了！"我说："但我只能给妳一、两分钟，不然我讲道就会迟了。"

她花了一分钟时间告诉我她的麻烦和问题。于是我止住了她："我没有时间了，请跟我作一个祷告吧。"

我没有告诉她我要祷告什么，自己也未能诊断出她的问题所在，只是大致这样带她祷告："神啊，我感谢祢，祢确实爱我，我真是祢的孩子。祢是我的父，我属于宇宙中最好的家庭。我不是没人要，不是被弃绝，我已经蒙接纳了。祢爱我，我也爱祢。神啊，我感谢祢！"

直此我们就分手了，我按时赶到了会场，也就把这事忘了。

一个月后，我收到这位妇人的一封信。她要让我知道她是谁，我们相遇的经历描写一番之后，她写道："那次的祷告彻底改变了我的生命。我已是一个不同的人了。"

发生了什么事呢？她从被弃转向被接纳了。不是凭她作了什么、费了更大努力、改善自己、更多祷告，她只是借接纳耶稣在十字架上为她所作的事，而从被弃中获得释放。

支取这个替换

对那些挣扎于被弃之感的人说："你应当再多努力一些，再多作些什么。"这是再糟糕不过的事了。他们永远不会相信自己已经做得够多，不管他们作多少都没有用。

这里有一个大好消息：

神爱我们。

尽管难以令人相信，神确实爱你个人，也爱我个人。

在基督里我们是神的儿女，属于宇宙中最好的家庭。没有什么可令我们羞愧，我们不是没人要，不是二等公民，而是蒙接纳的。

为了支取这美好的替换，请你开口承认：

耶稣担当了我的被弃，好叫我有祂的接纳。

如果你确信这一点，就说：

"父啊，我感谢祢。祢真的爱我，把祢的独生子赐给了我。
祢是我的父，天堂是我的家，我是最好家庭的成员，
在祢无条件的大爱和关怀下，我安全极了。
主啊，我感谢祢！"

第十一章、新人代替旧人

到目前为止，我们所论述的是十字架为我们所成就的事。当然这是好事。但许多基督徒就停止在原地了。他们所有的祷告只是专注于求更多的好处，越来越多的好处！他们使信仰变得很浮浅，不能令人满足，因为那不是神最终的目的。

至此，我们要转到另一方面：不是十字架为我们作了什么，而是它在我们里面要成就什么。我们要查验神是如何对待旧人的，这也带领我们进入下一个主题：**十字架应当在我们里面成全的大事。**

首先，我们需要对"旧人"有清楚的概念。"旧人"和"新人"是新约中两个最重要的角色。

旧人，就是我们从亚当那里沿袭而来的罪的本性。有些人称为"老亚当"，这也是合理的。亚当叛逆之前没有子女。所以，他的每一个子孙生来都有叛逆的本性。

从小孩子身上可看到这一点。我收养了九个女儿，我对女孩子满有经验。大约两岁的小女孩最可爱了，但即使那么小的年龄，也已经显出了叛逆的本性。如果你叫她"到这边来"，她也许会故意转身往相反的方向跑！

圣经称这叛逆本性为旧人。神的计划是以新人取代旧人。

在十字架上，我们的旧人被处死，好叫里面的新人焕发生机。

马太福音三章 10 节其实应该是福音的起头，作耶稣的开路先锋的施洗约翰宣告："**现在斧子已经放在树根上**"。"Radical"（意为根本，彻底，激进）这词就是从拉丁字 rodix（根）演变来的，意思就是"从根部着手"。临到人类的最根本彻底的信息就是福音了。许多人只知道福音的表面，但神不只是剪掉树枝或砍倒树干，祂要对付树根。

从根着手

当神带领我进入释放事工时，我主要对付的是树顶上的枝子 -- 各式瘾癖，那些基督徒不喜欢的，明显的肉体上的罪。然而，很快我意识到每一个瘾癖都是由一个大枝子生发出来的小枝。如果你只是砍掉瘾癖这些枝子，你还没有对付其根本问题。每一个瘾癖的基本问题是挫败感。要对付瘾癖，你必须发掘那个导致瘾癖滋生的导致挫败感之事。

然而，即使挫败感却也只是枝子。要对付人类的问题，你必须深入表层抵达根部。那正是施洗约翰所说的："现在斧子已经放在树根上。"

那根是什么？以赛亚清楚告诉我们："**我们都如羊走迷，各人偏行己路。耶和华使我们众人的罪孽都归在他身上。**"（赛五十三 6）

这正是根本性的问题：我们对神的叛逆。每一个人里面都有叛逆，不管表现形式如何，都是叛逆。有的是表现在政治意识上，有的是酗酒，甚至还有掩盖在良好宗教外表下的叛逆。不管哪一种，神对付叛逆只有一个救药。祂不是把他送去上主日学校或教会，也不是教导他金科玉律，甚至不是叫他背诵经文，祂是处决他。处决是神的解决方式。

但因着神的怜悯，刑罚落到被钉十字架的主耶稣身上。

保罗说："**因为知道我们的旧人和他同钉十字架，使罪身灭绝，叫我们不再作罪的奴仆。因为已死的人，是脱离了罪。**"（罗六 6-7）

保罗说的不是你过去的罪，他对付的是现在就在你里面的叛逆。你可以去教堂、祷告、使罪得赦免，但若你走出教堂时，你里面的叛逆仍然活着，你就会继续犯罪。

为了从罪的奴役下得解脱，我们必须在领受罪得赦免之上更进一步。也就是说，我们必须对付里面的叛逆。

这时，我们看到主耶稣为我们钉了十字架。我们的旧人与祂同钉十字架了。不论你相信与否，这是一个确凿的历史事实。

许多基督徒的问题，就在于不知道这一点。你必须知道并相信它，你的老我与基督同钉十字架才能在你生命中起作用，那正是使十字架在你的经历中成真的关键。

任何一个人的旧人，只要还没有被对付掉，他就仍然是罪的奴仆。

罗马书六章 6-7 节说的很清楚。只有与基督同死的人才不再作罪的奴仆了。希腊文用"称义"这个词。一旦你对付了最终的刑罚，就不再有刑罚需要对付了。律法在你死后就不再能强求你什么了。

"我们若是与基督同死，就信必与他同活。因为知道基督既从死里复活，就不再死，死也不再作他的主了。他死是向罪死了，只有一次。他活是向神活着。"(罗六 8-10)

那是一件历史事实，这里就是它的运用："**这样，你们向罪也当看自己是死的。向神在基督耶稣里却当看自己是活的。**"（罗六 11）

现在你应当运用这事实：我们的旧人已经钉了十字架，这是神的作为。你必须相信自己与耶稣同死了，才能从旧人的奴役中释放出来。

试想象一个最糟糕的人，无人可以容忍他的粗暴。他满口咒诅、醉酒、吸烟、虐待妻儿。后来他的妻子和孩子成为基督徒。星期天他们出门去教会时，这丈夫叼着烟躺在靠椅上，地上堆满酒瓶，电视播着下流的色情影片，在妻儿走过他身边时，他破口大骂。

他的妻子和孩子在教会过得很愉快，回家路上口里哼着赞美歌。到达家门时，以为一定又换来一顿咒骂。谁知家里无声无息，烟灰缸里的烟雾在慢慢上腾，酒仍然在瓶里，录影带还在播放着……

这人死了！

在他的妻子和孩子出门后，他心脏病突发，暴毙了。

他现在不能抽烟、喝酒、骂人，那录影带也不能吸引他了。他对罪不再有任何反应！

罗马书六章 11 节告诫我们："**你们向罪也当看自己是死的。**"那罪对你再没有吸引力，不能使你产生任何反应，再也没有控制你的势力了。

这是因信耶稣在十字架上所成就的事。我们里面的旧人——那个罪人——已经被处决了。

神对败坏的救药

许多年前的复活节期间，我做了一个很生动的梦，见到一个人与我一起证道。他很成功，许多人围着他。然而我发现这人是跛腿的，他有些扭曲。

"这是谁呢？"我自言自语地问。

两月之后，我又做了同样的梦。

我想，神一定要告诉我一些什么事。在我疑惑时，神告诉我："你就是那人！"

这正是撒母耳记下十二章7节，拿单对大卫所说的话。

神向我展示了这画面，使我意识到，即使我已经被拯救，并参与事奉，我里面的旧人仍然存在。

于是我开始读圣经，看到那扭曲性情的救药是十字架。

那时正是复活节，我脑海里活生生的呈现了各各他山上的三个十字架。中间的十字架比其余两个高一些。

在我默想这画面时，圣灵对我说话了："现在请你仔细思考，中间那十字架是为谁而设的？"

我想了一会儿，说："巴拿巴。"

"对了，不过最后一刻，耶稣却取代了巴拿巴的位置。"（圣灵）

"是的，耶稣是取代了巴拿巴的位置。"（我）

"但我以为耶稣取代了你的位置。"（圣灵）

""是啊，那一点不错。"（我）

"那么，你一定是巴拿巴了。"（圣灵）……

自那一刻起我明白了。那十字架正是专为我这罪人而设的，但耶稣取代了我的位置，我的旧人在祂里面被钉在十字架上了。

简直难以置信，但却是千真万确啊！

以弗所书四章22-24节描绘了旧人与新人。保罗劝勉读者："就要脱去你们从前行为上的旧人。这旧人是因私欲的迷惑，渐渐变坏的。又要将你们的心志改换一新。并且穿上新人。这新人是照着神的形像造的，有真理的仁义，和圣洁。"

留意保罗是在对已经得救的人说话，他要他们脱去旧人，穿上新人。那不是我们得救时所发生的事，而是得救之后所要做的事。

保罗说，旧人因为欺骗的欲望而渐渐朽坏，但新人是"**照着神的形象造的，有真理的仁义和圣洁**"。圣洁出自真理，我们惟有承认自己实际的旧人本性之后，才能领受它。

人的生命中有两个相互敌对的势力在运行：欺骗和真理。旧人是魔鬼欺骗的产物。亚当和夏娃相信牠的谎言："你们不一定死，而会像神。"当他们向撒但的谎言敞开自己之后，就促成了败坏。

这里描写旧人的关键词是"变坏"。旧人是魔鬼谎言的产物，在道德、身体和情感上，是绝对败坏的。

反之，新人是由所神造，是在基督里新造的人。它是神话语真理的产物，促成公义和圣洁。

神多年前向我显明，败坏是不可倒转的，你可以使之减缓，但不能使它掉转过来。

比如，美丽的水果外表看起来新鲜、多汁、甜美，但里面已经开始变坏。不久就会变黄、变皱，不再吸引人。现代解决方法是把果子放进冰箱里，但这只能减缓腐烂的速度，并不能使它恢复新鲜。

许多教会正如冰箱，不能改变朽坏，只使它减缓而已。改变人的唯一方法是使他成为新造的人。神没有修补或改革旧人，也不是改善或教育他，而是把他处死，并在他的位置上兴起一个新人，一个被神真理塑造的新人。

"**若有人在基督里，他就是一个新造的人……**"（林后五 17）

新人的本质

使徒彼得写信给重生的基督徒，说到新造的人的本质："**你们蒙了重生，不是由于能坏的种子，乃是由于不能坏的种子，是借着神活泼常存的道。**"（彼前一 23）

种子的本质决定生命的本质。你种的是苹果树，收到的就是苹果。如果你是由朽坏的种子而生，你就会有一个会朽坏的生命，受制于朽坏的生老病死过程。

反之，若你由不朽坏的种子而重生，你就会享受不朽坏的生命。

描写这新性情的关键词是"不朽坏的",是神话语的种子产生不朽坏的生命。

雅各书一章 18 节说:"他按自己的旨意,用真道生了我们"。新人是真理的产物。神话语的真理给我们带来不朽坏的本质。

针对我们犯罪的本性,这意味着:"**凡从神生的就不犯罪,因神的道存在他心里。他也不能犯罪,因为他是由神生的。**"(约壹三 9)

我重生已有五十九年了。但这并不意味着我重生得救后就从来没有犯过罪!

然而,这里的经文说"他"不能犯罪。注意!约翰所说的"他"不是个人,而是里面的新人。"他"生于不可朽坏的种子,是不能犯罪的。

我很喜欢约翰壹书五章 4 节:"因为凡从神生的,就胜过世界。"

留意这里的"凡"字。使徒约翰说的是由神话语在我们里面促成的新人。不可朽坏的种子带来不可朽坏的本质,那绝不表示一旦重生就永远不犯罪。这完全取决于我们容许什么样的本质掌管我们。旧人不能不犯罪,新人不能犯罪。你所做的取决于谁在掌管你的生命。

一个从来没有重生的人不能不犯罪,他的本质导致犯罪。已经重生的人就有一个选择。如果我们不容许旧性情占主导位置,我们就不会犯罪;如果我们容许旧性情再占上风,我们就还会犯罪。

支取这个替换

不论你做什么,千万不要让这旧人貌似敬虔!这行不通,反之,神的解决方式是这样的:

我的老我——那叛逆、朽坏的人已经在耶稣里被钉了,好叫我得以从邪恶、朽坏的性情中释放出来,让新性情可以借神的话语进到我里面来掌管我的生命。

在以后的四章中,我们要查验十字架在我们里面所要成就的大事。我们犯罪与否;得胜失败,都取决于我们容许十字架在我们里面动工的程度。

第三部分

五方面的得救

第十二章、从这个世代中得救

前几章中我们经历了一个旅程，看到耶稣基督在十字架上的代赎为我们所成就的一切。我们可以将九个方面的替换总结一下：

1. 耶稣受刑罚，我得饶恕。
2. 耶稣受鞭伤，我得医治。
3. 耶稣因我的罪成为罪，使我因祂的义成为义。
4. 耶稣担当了我的死，使我可以分享祂的生命。
5. 耶稣承受咒诅，使我得着祝福。
6. 耶稣担当了我的贫穷，使我可以分享祂的丰盛。
7. 耶稣担当了我的耻辱，使我可以分享祂的荣耀。
8. 耶稣担当了我的被弃，使我可以得着祂的接纳。
9. 我的旧人在祂里面被钉十字架，使新人能在里面成长起来。

现在我们进入了一个全新的领域：神期待十字架在我们里面作成什么工。这与十字架为我们所作的工有所不同。我们必须容许十字架在我们生命里面成就神所命令的事，才能享受祂为我们所成就的永恒益处。所有围攻教会的问题，不论是群体还是个人的，几乎都是因为我们没有让十字架在我们里面作成它应作的工。

让我们再看加拉太教会的问题：表现在律法主义上的体贴肉体行为。保罗对这问题的不安远远超过哥林多教会中一些明显的罪行。

保罗写给加拉太人的书信不是什么神学论文，而是出于对付一个真实问题的紧迫感。

保罗发出警告：

> "无知的加拉太人哪，耶稣基督钉十字架，已经活画在你们眼前，谁又迷惑了你们呢？"　（加拉太书三1）

被圣灵充满的加拉太基督徒却迷惑了。迷惑掩盖了耶稣基督钉十字架的异像，而那是神为我们一切供应的基础。一旦十字架被遮掩，我们就不再能享受神的供应了。

撒旦也蒙蔽加拉太信徒的眼睛，让他们看不到被钉十架的基督是一个基石，标志着撒旦被彻底击败。在十字架上，耶稣将撒旦和他的国度完全的，永远的，不可逆转的击败。除了蒙住教会的眼睛，撒旦对这荣耀的事实什么也不能做。（所以他非常急切想做这蒙蔽的事！）

让我感到庆幸的是，在保罗写给加拉太书信中不仅指出了问题，也给失去十字架异像的教会带来救药。

就我所理解，加拉太书揭示了五个连续的得救，其发生取决于我们是否容许十字架在我们里面作成它的工。

再说一遍，我们不是谈耶稣在十字架上为我们所成就的事，我们为十字架而感谢神，但不要停止在那里，我们还要经历十字架要在我们里面所做的工，对付我们的根本问题。以下是十字架为我们带来的五方面得救：

1. 从这个邪恶世代中得救。
2. 从律法中得救。
3. 从自我中得救。
4. 从肉体中得救。
5. 从世界中得救。

我们在本章先看第一个得救。其他的部分在以后章节讲述。

我们对现今世代的认识是什么

本章先看第一个得救。一位可爱的姊妹曾赠我一件黑底白字的 T 恤衫。上面写着：“做一个彻底的基督徒。”让我鼓励你们，你们也需要用这样的态度往前行。

第一个得救源自加拉太书一章 3-4 节，而它的信息就是激进的：“愿恩惠平安，从父神与我们的主耶稣基督，归与你们。基督照我们父神的旨意为我们的罪舍己，要救我们脱离这罪恶的世代。"

我们通过十字架得救，脱离这罪恶的世代，是神的旨意。

有些圣经翻译版本，把"世代"和"世界"这两个词混淆了。世代的希腊字之一是 Cosmos，这是新约中的一个社会学词汇，描写某种类别的人。我们要在第十五章讨论从 Cosmos 这个现今世界体制中脱离出来。

但当保罗论到从现今邪恶世代中得救脱离出来时，所用的希腊字是 aeon，意思是一长段时间，一段无定期的时间。圣经中的时间是由世代和代来衡量的。每一个世代包含好几代，圣经中最美好的词组之一就是"直到永永远远"，其实应当翻译为"直到世世代代"。我们不但有世代，而且永恒是由世世代代组成的。

我想要向你指出这个现今世代所包含的一些事实，好让你明白，为什么我们需要从中得救而脱离出来。

我们不属于这个世代

今天有很多人大谈新世纪运动，但我们不属于这个世代，基督徒其实是一个新世代的人。我们生活在这个世代，但却属于一个未来的世代。如果你生活得好像一直属于这个世代，就错失了神的整个目的。

现今这个世代行将结束

现今这个世代不是永久的，而是行将结束了。许多经文论到这一点。

比如马太福音十三章 39 节麦子和稗子的比喻，耶稣说："**撒稗子的仇敌，就是魔鬼。收割的时候，就是世界的末了。收割的人，就是天使。**"

下一节说："**……世界的末了，也要如此**"。

许多其它经文表明这个世代行将结束。如果你对这个世代的感受跟我一样，你就会说："感谢神！"这个世代如果一直这样下去，挣扎在痛苦、疾病、黑暗、无知、残酷和战争之中，那可是再可怕不过的景象了。

感谢神，不会永远这样下去的！

邪恶世代的根源

在哥林多后书四章 3-4 节，保罗说到那些看不到福音的人：“**如果我们的福音蒙蔽，就是蒙蔽在灭亡的人身上。此等不信之人，被这世界的神弄瞎了心眼……**”

撒但是这世界的神。这个世代是邪恶的，只因为它有一个邪恶的掌管者。

神可以废掉撒但，但那不是祂的规划。只要这个世代继续下去，撒但就仍是这世代的神。神的规划是结束这个世代。当这个世代结束时，撒但就不再是世代的神了。祂知道得很清楚，因此祂尽其所能阻止这现今的世代到结束的地步。

教会是神用来结束现今世代的工具，是我们的主要责任之一，这个世代只有在我们做完一切该做的事之后才能结束。这是撒但憎恨教会的其中一个原因。

基督对教会发出行军令：“**这天国的福音，要传遍天下，对万民作见证，然后末期才来到。**”（太二十四 14）

撒但不受政客、军事将领或学术界人士的威胁，而是受传扬天国福音的人的威胁。撒但阻止天国福音的传播，因为当传福音的使命成就之后，这个世代就会结束，祂就不再是世代的神了。相信圣经的基督徒是真正威胁祂的人。

忙于世事会使我们不结果子

希伯来书论到那些曾有过属灵经验，却选择回头的人。他们否认那些经历，否认耶稣基督。

留意这些人所有的五种经历：“论到那些已经蒙了光照（1），尝过天恩的滋味（2），又于圣灵有分（3），并尝过神善道的滋味（4），觉悟来世权能（5）的人，若是离弃道理，就不能叫他们从新懊悔了。

因为他们把神的儿子重钉十字架，明明的羞辱他。"（来六 4-6）

今天有许多人都有过这些经历，我相信我也是其中之一，既然蒙了光照，尝过天恩和神恩的滋味，又与圣灵有分，我们就已经尝了来世的权能。神允许我们有所品尝的原因是使我们失去对现今世代权能的口味。神想让我们品尝一些完全不同的东西，比现今能拥有的要远远好得多，好叫我们永远不再迷恋现今世代。不幸的是，许多基督徒并没有做到这一点。

在马太福音十三章撒种的比喻中，耶稣分解了不同的土壤对播下的种子产生的不同结果。祂特别说到那种子撒在荆棘里的情况："撒在荆棘里的，就是人听了道，后来有世上的思虑，钱财的迷惑，把道挤住了，不能结实。"（太十三 22）

这里的"世上"原文所用的不是 Cosmos，而是 aeon，那么"世上的思想"最好翻译为"现今这个世代的思想"。至于钱财的迷惑，在于人们以为钱财会使他们幸福。钱财的另一个迷惑就是你以为它会永远长存，但当你离开今生时，所有财产都要留下。

也许你问："为什么我看不到更多果效？得不到更多祷告蒙应许？为什么我不能领人归向主？"那么我会问你，你是否忙于今世的事务，一心追求经济成功、名望、学术成就、物质享受？过于忙这些事会使你成为不结果子的基督徒，神的话语不会在你里面作成它的功夫。

你是否生活得好像这世代会永远持续下去？实际上它是短暂的。当主耶稣降临时，痛苦、羞辱、罪行、饥饿都会终止。没有什么可以中止这些问题，教会有两千多年的时光去做一些事情，但我们所得的实际进展其实很少。事实上，今天世上有更多的灾难，更多的战争，更多的疾病，更多的贫困，更多的无知。

但感谢神，主就要再来！

同化还是转化？

作为一个曾经的逻辑学家和哲学家，我相信，罗马书是人类撰写的最美妙的也最具逻辑的篇章。你一点也不会因相信你的圣经而觉得智力平庸！在这世界上，没有其他作品可以和罗马书智识上的准确与清晰媲美。

大部分评述家都同意罗马书第一章到第十一章是福音的教义中心。然而，保罗在讲完基督受死的神学之后，以一个生活中的实际运作方式来作结束。

在这里，罗马书十二章，使徒开始应用罗马书一章到十一章的神学："所以，弟兄们，我以神的慈悲劝你们……"

你认为在讲完这些精彩的教义后保罗想你怎么做？是变得非常属灵，读更多的资料，或是去读神学？

实际上保罗接着发出了一个呼吁："……**把自己的身体献上，当作活祭**…**不要效法这个世界**（应当是"世代"），**只要心意更新而变化。**"（罗二 1-2）

圣经的教导是多么的脚踏实地！正当我们变得超属灵时，神说："我想叫你把身体毫无保留地放到祭坛上，一旦你献上身体，我就会更新你的心意。"

神不是从外向内改变你，而是从内向外。宗教在外面把你粉刷干净，让你穿上新衣，告诉你不要吃这、不要喝那。神却从里面改变你。当你以不同方式思考时，你就会以不同方式去生活。神对不触及内在本质的外在变化不感兴趣。如果你想要有一个更新的心意，你就必须把自己的身体献上，神不在任何其它基础上更新你的心意。

"不要效法这个世界"，保罗的意思实际是说："不要像现今世代的人那样想事情，不要像他们那样思考，不要像他们那样做事。你必须有一套完全不同的先后次序，不要专注短暂之事，而要关注永恒之事。"

这并不意味着你不实际，关注永恒的人在神话语的光照之下，是世上最实际的人，他们才是大有果效的人。

最后，保罗临近事奉尾声时，连他的一些朋友也抛弃了他。这时他已经年迈，在冷冰冰的监牢里，等候不公正的听审和处决。那是今世人们的成功标准吗？连教会的成功标准都不是！

保罗告诉提摩太，他所信靠的同工底马，虽然已跟随保罗数年，

却因为"贪爱现今的世界，就离弃我……去了。"（提后四 10）

　　保罗在说这话时，一定流泪了。他所信任的底马，却一走了之。只因贪爱现今的世界。

　　你不能一面对耶稣基督忠心，一面仍然贪爱现今的世代。

　　感谢神，祂通过十字架，提供了一条脱离现今邪恶世代的途径。

第十三章、从律法和自我中得救

在上一章我们谈到了从现今这个时代中得救，在这一章我们会谈及其他四个得救释放中的另两个。在加拉太书二章 19-20 节，看到两个释放和得救："**我因律法就向律法死了，叫我可以向神活着。我已经与基督同钉十字架。现在活着的，不再是我，乃是基督在我里面活着。并且我如今在肉身活着，是因信神的儿子而活，他是爱我，为我舍己。**"

这里说的从律法之下和从自我之中释放，二者是紧密相连的。

从律法之下得自由

大部分基督徒从来没有领会过需要从律法之下得释放。基督徒与律法的关系，是新约神学最受忽略的一大主题。许多基督徒大谈生活在恩典之下，其实他们是生活在过渡区，界乎恩典与律法之间，两方面的益处都享受不到。

我发现有一点危险的是，那些以恩典冠名的教会里，会众对恩典知之甚少。在大部分场合，尽管我们自称再也不在摩西律法之下，却以自己制订的一些可笑的小宗教法则取而代之。

保罗在罗马书七章 18 节说摩西律法是圣洁的、良善的；是神赐下来的。如果由神赐下的律法都不能成全我们，就再也没有其它律法可以了。

在律法之下，或属于律法，意思是"靠着持守一套律法体系，赢得与神称义"。这并不表示我们不再遵守任何律法，而是说我们与神称义不是靠守一套规条而来的。

让我们先来审查第一个释放。保罗说："**我因律法，就向律法死了。**"

律法所能做的最后一件事就是处决你。一旦你被处死，律法对你就不再产生影响了。这是一个荣耀的事实：我已经与基督同钉十字架，我的旧人已经与祂同钉死，我不再隶属律法。我已经从律法中脱离出来，现在是在一个新的领域里了。

所以，保罗说："我因律法，就向律法死了，叫我可以向神活着。"为了向神活着，我必须从律法中释放出来。我若没有向律法死去，就不能向神活。

罗马书六章 6 节："因为知道我们的旧人和他同钉十字架，使罪身灭绝，叫我们不再作罪的奴仆。"

我们只有逃脱旧的肉体，亚当的本性，才能逃脱罪的奴役。一旦我付了死的刑罚，律法就不再能强求我什么了。我已经称义、被主判为无罪，从律法对我所有强求的领地之中迁移了出来。

加拉太书三章 10-12 节是写给那些经历过恩典，已被拯救、受了圣灵之洗，而且可以见证神迹奇事的人。即使有了这一切的经历，他们却为了成全自己，从守律法开始。所以保罗称他们为无知的加拉太人。

"凡以行律法为本的，都是被咒诅的。因为经上记着，凡不常照律法书上所记一切之事去行的，就被咒诅。"（加三 10）

一旦你靠守律法来称义，就必须随时守全律法。任何时候触犯了律法，就落在咒诅之下了。那是申命记二十七章 26 节律法本身所说的话："不坚守遵行这律法言语的，必受咒诅。百姓都要说，阿们。"

然后保罗继续说："没有一个人靠着律法在神面前称义，这是明显的。因为经上说，义人必因信得生。律法原不本乎信，只说，行这些事的，就必因此活着。"（加三 11-12）

另一个简单的说法，在哈巴谷书二章 4 节："惟义人因信得生"。我们有两个选择：1. 靠守律法而活，一旦触犯它，就必落在咒诅之下。2. 因信而活，与靠守律法而活是彼此排斥的。

因律法而活还是因信而活？

我是依靠守律法与神称义，还是单单依靠这一个事实：相信耶稣基督为我受死复活？我们必须再次转向罗马书，它提供了理论基础，而加拉太书为那些尚未吸收这理论的人提供了实际运用模式。

"罪必不能作你们的主，因你们不在律法之下，乃在恩典之下。"
(罗六 14)

这真是好消息！但含义却是让人惊讶的。如果你是在律法之下，罪就会辖制你。但罪不能辖制你的原因，是你不在律法之下，而在恩典之下了。这再次证明这两者是彼此排斥的。你或在律法之下或在恩典之下，但不能同时在两者之下。

罗马书七章 6 节同样有两个彼此排斥的选择："**但我们既然在捆我们的律法上死了，现今就脱离了律法，叫我们服事主，要按着心灵的新样，不按着仪文的旧样。**"

在这里保罗不是说我们脱离了罪或撒但，而是说脱离了律法。我们是在在十字架上死的，是耶稣代替我们而死的。但如果我们还没有因死于律法而脱离出来，我们就不能以心灵的新样进行事奉。

若你计划去一个陌生的地方，你可以选择用地图或找一个向导。地图绝对精确，而向导已经认识路，不需要查看地图。

地图犹如律法，但尽管成千上万的人都试过，却没有人靠着查寻"律法"这张地图抵达公义这目的地。

相反的，圣灵是个人向导，亲自引导你到达目的地。

你选择哪一条路？你会抓着地图，却掉进悬崖，堆在无数在你之前试过这条路的人的死尸上吗？或者，你求圣灵带领，到达目的地？

圣灵已经知道那条路，祂不需要地图。其实，地图还是祂亲自绘制的呢！

蒙圣灵引导

如果你受圣灵引导，你必须对祂的引领敏锐，并与祂为友。

我们来看两段经文：

1. "**因为凡被神的灵引导的，都是神的儿子。**"（罗八 14）

"**神引导**"是持续的动词，所以这节经文最好译成："凡常被神的灵引导的，都是神的儿子"。

希腊文"儿子"不是指婴儿,而是指成年的儿子。当你由圣灵重生时,你是一个属灵婴儿,从婴儿时期到成年只有一条路:被神的灵引导。惟有这样才能成为神成熟的儿子。

既然这里"凡"这字表示限定,那就别无它路了。

2. **"但你们若被圣灵引导,就不在律法以下。"**(加五 18)

唯一通往属灵成熟的路,是不断被神的灵引导,如此你就不在律法之下。

请勿混淆律法和圣灵。你必须作一个不顾一切,大胆的决定:我不再依靠一套规条来使我称义,而只单单相信圣灵的引导。

但接着而来的是一个痛苦的问题:如果我停止遵守规条,又会发生什么事呢?我会做错事吗?

我保证,圣灵永远不会领你作错事。你必须相信祂,因为祂是你的安全保障!

让耶稣作头

在我们看第二个得救释放之前,我强调只有两条路可以使人称义:靠行为和靠恩典。一个是律法,另一个是信心;一是守规条,另一个是被圣灵带领。

正统的犹太教共有六百一十三条诫命。大部分犹太人都私下承认他们只守三十二条。但神的公义之路不是要人挣扎,而是要人降服。借着圣灵向在我里面的耶稣服从。耶稣是我的义、我的智慧,也是我的圣洁和我的救赎。

有一位基督徒姐妹的圣洁生活很受人钦佩,有人问她:"姐妹,妳如何面对试探?"她回答:"魔鬼敲门时,我请耶稣去应门。"

可见成功不在于靠自己的力量面对魔鬼,而是请耶稣来负全责。不在乎挣扎,而在于降服。

耶稣说:**"我是葡萄树,你们是枝子。"**(约十五 5)葡萄枝子结满葡萄,是因为树的生命流入枝子。

在这幅简单的图画中,我们可以说葡萄树代表耶稣,从树流向枝子的树液是圣灵。

如果与耶稣隔绝，我们就陷入危险之中了。惟有常在祂里面，我们就有平安。

向自己死去

第二个得救释放也是记在加拉太书二章 20 节："**我已经与基督同钉十字架。现在活着的，不再是我，乃是基督在我里面活着。**"

这里可以用几个简短的字来表达："**不再是我，乃是基督**"。我们必须从自我中脱离出来。

自我永远不会停止它的强求："我最重要，看着我，帮助我，为我祷告，医治我，我现在就需要帮助。"以自我为中心的人有一大堆问题，他们变成了自己问题的奴隶。他们越专注自己和自身问题，就变得越自我中心，也就越发成为自己的奴隶。

另一个选择是基督："**不再是我，乃是基督。**"你必须作出这个决定："我让步，我请耶稣进来，接管主权"。许多人都尝试跟随主，但从来没有采纳那第一步。

马太福音十六章 24 节简单说明了这一点："**于是耶稣对门徒说，若有人要跟从我，就当舍己，背起他的十字架，来跟从我。**"

你必须成全这两件事，才能跟随耶稣：一是舍己，二是背起你的十字架。

舍己，就是对自己说不。自我说"我想"，你就说"不"。自我说"我感觉……"，你就说："这并不重要，神说的才重要"。你必须背对着你里面的自我。接着你必须背起你的十字架。

我听说过两个较好的十字架定义。一，十字架是你的意愿与神的意愿交叉的地方。二，十字架是你死去的地方。神不会把十字架加在你身上，你必须自愿背起它。

耶稣在上十字架的路上说："**没有人夺我的命去，是我自己舍的。我有权柄舍了，也有权柄取回来。**"（约十 18）

在你跟随耶稣时，这也一样真实。没有人夺你的命去，传道人不能这样做，教会不能这样做，只有你能决定是否背起你的十字架，在之上死去。当耶稣死去的时候，你也死去了："**我已经与基督同钉十字架。**"那就是你自我的结束了，只有从那时候起你才能跟随耶稣。

圣经中有一段惊人的经文，描写这个替换的真正代价："你们当以基督耶稣的心为心。**他本有神的形像，不以自己与神同等为强夺的。反倒虚己，取了奴仆的形像，成为人的样式。既有人的样子，就自己卑微，存心顺服，以至于死，且死在十字架上。**"（腓二 5-8）

在后两节中，保罗描写了耶稣如何借往下的七步骤自我谦卑，直到在十字架上受死为止：

第一步："**反倒虚己**"，希腊原文是"祂倒空自己"。
查尔士·卫斯理说："除了爱，祂倒空了一切。"

第二步："**他取了奴仆的形象**"。祂原本可以取天使的形象，也同样可以作奴仆，但祂却更往下一步。

第三步：祂"**成为人的样式**"，祂有了人的特性。

第四步：祂"**既有人的样子**"，这意味着当祂出现在拿撒勒街头时，与周围的人没有任何区别。

第五步：祂"**就自己卑微**"，祂不单单成为一个人，而且是一个卑微的人。不是牧师，统治者，而是一个木匠。

第六步：祂"**存心顺服，以至于死**"，祂不仅以人的身份而活，也死于人所受的死。

第七步：祂以极刑而死，"**且死在十字架上**"。

神高举了耶稣

腓立比书第二章接下来的几节经文描写了耶稣七重的升高。

"所以神将他升为至高，又赐给他那超乎万名之上的名，叫一切在天上的，地上的，和地底下的，因耶稣的名，无不屈膝，无不口称耶稣基督为主，使荣耀归与父神。"（腓 9-11）

留意这里的连接词"所以"，神使耶稣升为至高，是因为祂的谦卑。

耶稣说:"**自卑的,必升为高。**"(太二十三 12) 谦卑才是高升的绝对保障。

神自己承担其结果。你越往下,结果反倒越升高。这过程中你的角色是往下,神那部分的责任是使你升高。

这里就是耶稣蒙升高的七个向上步骤,留意这段经文的完全平行结构:

第一阶段:"神将他升为至高"。

第二阶段:"又赐给他那超乎万名之上的名"。

第三阶段:"因耶稣的名,无不屈膝"。

第四阶段:"叫一切在天上的……无不屈膝"。

第五阶段:"地上的……无不屈膝"。

第六阶段:"和地底下的……无不屈膝"。

第七阶段:"无不口称耶稣基督为主,使荣耀归与父神。"

请留意篇章中经文精美的平行结构。保罗是在监牢里自己构思这优雅的文字吗? 不是,他是受圣灵默示而写下的!

向上的路是向下

尽管基督"不以自己与神同等为强夺"(腓二 6),原为路西弗的撒但拼命向上,栽倒了,被摔了下来;而耶稣却弯下腰来,因而被升高了。

美国奋兴家慕迪曾说:"我年轻时,以为神将我的恩赐藏在最上层,我必须向上去取。后来才发觉,最大的恩赐在最底层,我必须弯下腰来才能得到。"

这提醒我们:向上之路在于往下,生命之路在于死亡。如果你想往上,就先往下,不是我,而是基督,这是一个决定,神已经使这个决定成为可能,但你必须个别做出这个决定。

要实际运用这概念,我们要看这段经文的前几节:"**凡事不可结党,不可贪图虚浮的荣耀。只要存心谦卑,各人看别人比自己强。各人不要单顾自己的事,也要顾别人的事。**"(腓二 3-4)

上一章说到，几乎所有困扰教会的问题，不论是整体或个人的，都出于我们没有让十字架在我们里面动工。我也相信，教会中的大部分问题，特别是在事奉上，如保罗在这里所说的结党，贪图虚浮的荣耀，都可以追溯到同一个原因上。叛逆是许多个人问题之根，但"根中之根"在于骄傲。骄傲是引发其它问题的源头。

罪，不是起源于地上，而是起源于天上。第一桩罪是路西弗的骄傲，这引起他的反叛。任何骄傲的人都会以叛逆结局的，那是自我中心的最后结局。

我遇到一些逃避自己问题的人，有时候他们情愿作环球旅行以躲避他们的问题。但事实上，无论你走到哪里，你最大的问题都会跟随着，因为那问题就是你自己！

唯一的解决方案是十字架！

歌罗西书一章 27 节美妙地作了一个总结："**神愿意叫他们知道，这奥秘在外邦人中有何等丰盛的荣耀。就是基督在你们心里成了有荣耀的盼望。**"

这就是那奥秘：**基督在你们心里**。

那什么时候基督才能在我们心里呢？

答案是，当你经历从自我中走出来的时候，当你说出："不再是我，而是基督"的时候。

第十四章、从肉体中得救

我们继续看加拉太书中十字架在我们里面成就的五个不同得救。我们已经看了前三个，现在简单做个小结。

首先：加拉太书一章 4 节：神带领我们从现今邪恶世代中得救

接着：加拉太书二章 9 节：神带领我们从律法中得救

最后：加拉太书二章 20 节：神带领我们从自我中得救

现在我们来看第四个得救释放，记在加拉太书五章 24 节："凡**属基督耶稣的人，是已经把肉体，连肉体的邪情私欲，同钉在十字架上了。**"

从肉体中得救，意思并不是脱离肉身。"肉体"应当解释为我们里面的老我借我们表达自己的方式。我们的老我，是从亚当那里遗传而来的叛逆本性。肉体和老我是紧密相连的。

我们属于基督的人应当有着一个明显的记号，就是"把肉体……钉在十字架上"。

保罗用同一个词说到死人复活的次序："**但各人是按着自己的次序复活。初熟的果子是基督。以后在他来的时候，是那些属基督的。**"（林前十五 23）

这里的意思是说耶稣先复活，祂再来时，属祂的人也要跟着复活。

启示录六章 15 节说基督来像贼一样，意思是祂会出其不意地再来，但从那时起人与人之间相似的地方也就结束了。祂只会提走那些属于祂的人。

加拉太书五章 24 节说明耶稣再来要提走的是那些"已经把肉体，连肉体的邪情私欲同钉在十字架上"的人。

可见，属于基督就不是一种宗派问题了。耶稣再来不是特别为了新教徒或天主教徒或浸信派或五旬宗，而是为了那些满足一个特别条件的人，那些把肉体和邪情私欲同钉十字架上的人。

肉体的四个行为

在加拉太书第五章，保罗就为我们列出了一系列肉体的行为，就是我们生命里的肉体本性表达自我的方式。保罗说："**情欲的事都是显而易见的，**"的确是太显而易见了。对陷在其中的人并不总是显而易见，但对旁边其他人而言是显而易见的。它们是：

> "奸淫，污秽，邪荡，拜偶像，邪术，仇恨，争竞，忌恨，恼怒，结党，纷争，异端，嫉妒，（有古卷在此有凶杀二字）醉酒，荒宴等类，我从前告诉你们，现在又告诉你们，行这样事的人，必不能承受神的国。"　　　　　　（加五 19-21）

这里所列的没有一样是好事。显然你就不能既按肉体而活又同时承受神的国，它们是彼此排斥的。

描写旧本性的关键词是"败坏"。肉体所产生的都是败坏。它绝不能促成好事。

肉体的行为有四大类：

性不洁

性不洁包括奸淫、放荡。奸淫涵盖各种性不洁：破坏婚约的婚前性行为、通奸、同性恋和各种不正当的性关系。

教会或宗派可以任其按立他们想要按立的人，但那不能改变圣经所说的事实：凡性行为不洁的人都要被排除在神国之外。

邪术

第二类肉体的行为是邪术：拜偶像和从事巫术。巫术是撒但的活动，起初是肉体的行为，目标是支配和控制。然而，一旦肉体开始活动，撒但势力就进来取代主导位置了。

最初导致亚当和夏娃堕落的是"求知欲"，那是肉体的欲望。无数人都因为想要找出神不允许他们知道的事而被邪术俘虏。去找算命的是由"想知道"这肉体的欲望而驱使，那是肉体的行为。看星相术也是一样。

有时候人们容易以无知为辩白理由，说"我不知道那有什么错"。但无知并不是理由。

提摩太前书一章 13-15 节，保罗承认自己是罪魁，尽管那是在他不信、不明白的时候而做的。

巫术这词直接与希腊文"成瘾性毒品"这词有关。迷信吸毒是巫术，那些参与巫术的人是在神国之外的人。

纷争

保罗排列的第三个罪行中，最大、最长，也是最少被人注意的部分，是围绕纷争而论的。

保罗辨别它们为："忌恨、恼怒、结党、纷争、异端、嫉妒"。每一种破裂的个人关系，每一件分裂家庭的事，基督身体内的各种纷争都是肉体的产物。

自我纵容

第四类是"醉酒、荒宴等类"。这是指无节制地纵容于肉体的欲望，特别是在饮食上。

保罗描写了他给自己强加的节制："我是攻克己身，叫身服我。恐怕我传福音给别人，自己反被弃绝了。"（林前九 27）

如果我们决定跟随保罗的榜样，我们可以得着圣灵的帮助，保罗称之为"刚强、仁爱、谨守的灵"（提后一 7）。如果我们继续不受节制、任其纵容，圣灵不会把与我们选择的生活方式相反的节制强加给我们的。

内部敌人

有些神学家认为，在哥林多前书三章 3 节，保罗说哥林多的基督徒是属肉体的，因为他们说太多方言了。然而，哥林多的问题不在于说方言，而在于他们错误的态度和关系，是这些肉体的行为表明了他们属肉体。

属肉体的标志是什么呢？

"你们仍是属肉体的。因为在你们中间有嫉妒、纷争,这岂不是属乎肉体,照着世人的样子行吗?有说,我是属保罗的。有说,我是属亚波罗的。这岂不是你们和世人一样吗?" (林前三3-4)

分裂教会的不是神学,人们可以把神学用于很利己的方式上,但神学不是问题之根,体贴肉体才是。体贴肉体是纷争,跟随人的领袖,一个说"我跟随路德",另一个说"我跟随加尔文",另一个说"我跟随卫斯理"。你可以领受那些人的教训,为之感谢神,但成为一个领袖的跟随者只能说明你属肉体。

这和对付任何属肉体的事一样,唯一的处理方式是十字架。当人们不情愿把自己的生命屈服于十字架时,就会产生争竞、纷争、忌恨、恼怒、骄傲。

不过,让我再给你一些帮助,免得你以为:"我还没有达到你所说的标准。"

请放心!神并不期待你已经达到标准。祂相信你已经上路了。我们应当意识到,每一个人里面都有一个神的敌人存在。我们大部分作基督徒的挣扎和问题都是因为我们屈服于这里面的敌人。

五路纵队这个道理是从第二次世界大战中得来的。这个说法来自三十年代的西班牙内战,当时西班牙人在境内对打。人们传说某西班牙将军在一九三六年围困马德里,另一个将军来到他面前问道:"你攻取该城的计划是什么?"

他回答:"我派四路纵队进攻,一路从北,一路从东,一路从南,一路从西。"然后他停顿一下,补充道:"但我却期待第五纵队为我拿下该城。"

"第五纵队在哪里呢?"

"在城里。"

那正是我们的问题。教会从来不是从外面攻克的,除非里面敌人即第五纵队的缘故,否则教会是不可攻克的。

把我们的肉体当作是死的

每一个人里面都有一个类似的敌人,就是肉体。所以如果你有内部挣扎，不要内疚。那也许意味着你比那些没有争战的基督徒更有生命力。他们没有争战是因为敌人在他们里面并没有遇到抵挡。

保罗说："**我也知道，在我里头，就是我肉体之中，没有良善。因为立志为善由得我，只是行出来由不得我。**"（罗七 18）

使徒保罗的与众不同之处，是他知道我们所不知道的。

他说："我知道我的肉体本性中没有什么是好的"。所以我不期望有什么好事从中而出，不论我多么想做好事。

从某种意义上来看，挣扎是一个好的征兆。说明你还活着。保罗在写罗马书第七章时，并非不成熟的基督徒！他已经站在第八章——在圣灵里生活——的门槛上了。但如果你没有对付肉体，就还未真正进入在圣灵里的生活。

我们必须接着看罗马书八章 6-8 节：

> "**体贴肉体的，就是死，体贴圣灵的，乃是生命，平安。原来体贴肉体的，就是与神为仇。因为不服神的律法，也是不能服。而且属肉体的人，不能得神的喜欢。**"

所以让你的肉体本性控制你的思维就是死亡，但让圣灵掌管你的思维就会带来生命和平安。没有什么方式可以使你的肉体本性达到顺服神，它永远不会顺服神，接受这个事实吧！不要企图让它顺服神，不要企图让它敬虔。不要企图带它去教会，坐在教堂几个小时，经过诸多宗教练习，企图让它顺服神，它不会顺服，也不能做到，它是无可救药的，里面是叛逆，败坏透顶。

救药是什么呢？神的解决方式就是处决。好消息是处决在二十世纪之前已经发生了。当耶稣受死在十字架上时，我们的老我，那肉体本性，就与祂同钉十字架了。

我们只需要应用耶稣在十字架上为我们所成就的："**因为知道我们的旧人和他同钉十字架，使罪身灭绝，叫我们不再作罪的奴仆。**"（罗六 6）

这是一个历史事实。不论我们是否知道和相信，它都是真实的，它已经在我们里面动工。但许多基督徒并不知道他们已经与基督同钉十字架。

其实，说老我已经被对付，那是误导人。只要我们还活在今生，就不会结束肉体本性。有些人相信自己已经完全从肉体中解脱了，但并不能让人看到证据，他们只是改换名字而已。他们不再发脾气，却纵容于"宗教忿怒"之中。肉体虽然可能不活跃，不能做它想做的事，但在这个世代它不可能被取缔，这正是我们向往另一个世界的原因！

三个简单的词

保罗说："**这样，你们向罪也当看自己是死的。向神在基督耶稣里却当看自己是活的。**"（罗六 11）

留意这里的过程，在前面的第 6 节，我们已经知道向罪死了，但在第 11 节，我们当看自己向罪是死的，是指应用在自己身上。我需要对自己说："我的肉体本性已经被钉十字架了"

有三个简单的词可以帮助你应用这个这个真理：事实，信心和感觉。留意这里的次序。你不是始于你的感觉，而是始于事实，就是圣经的真理。圣经包含真理或事实，你的信心是建在这些事实上的，然后你的感觉就与信心一致了。永远不要让你的感觉支配你。

我从这些章节中带出的是事实，也许对你显得太客观或遥远一些，但我们必须从客观着手。如果从感觉着手，就没有着落，像没有定锚的船，任凭海风、浪流的冲击。所以，我们应从一些属灵事实着手，把自己的信心建基在这些事实上，并允许我们的感觉也与事实相一致。

有时，当你我感到自己很失败时，我们其实是更喜悦神，比我们自以为喜悦神的时候更喜悦神。神亲近破碎的心。自信反倒会拒神于门外。正如诗篇五十一篇 17 节说："**神所要的祭，就是忧伤的灵。**"

我曾遇过一些问题，事先我说可以对付，事后我巴不得从来没有说过那句话！多年前我与妻子利底亚第一次驾车从美国前往加拿大。我曾听说一些有关美国的事令我紧张，比如一些超速公路的驾驶时速不可少于 40 英里，那真令我害怕！于是我们打算从小城市经纽约前往加拿大，这样可以避开那些超速公路。

我们安全地抵达了纽约,在准备去加拿大之前,妻子建议:"我们应当祷告。"我说:"不需要。"

于是我自信满满地出发了。因为美国主道的出口标记与加拿大不同,我们开过了正确的出口,然后才知道下一个出口是五十七英里之外。我们不必要地多开了一百一十四英里,等我们从正确的出口开出来时,车却抛锚了。

我不必再告诉你其余的故事了。但我必须说,从此以后我再也不说"不需要"祷告了!

那么,我们怎样钉死肉体呢?

在我们寻求从肉体中得救时,彼得前书四章 1-2 节有一个重要的警言:"**基督既在肉身受苦,你们也当将这样的心志作为兵器。因为在肉身受过苦的,就已经与罪断绝了。你们存这样的心,从今以后,就可以不从人的情欲,只从神的旨意,在世度余下的光阴。**"

彼得警告我们从肉体得释放难免痛苦。因此我们必须武装自己,随时准备付上任何代价,换取从肉体本性的奴役下得自由。这种头脑上的武装是得胜所必须的,但是太多的基督徒却不加武装而面对这些试炼。他们头脑上没有预备接受那些摆在面前的压力和争战。因而太多的时候他们允许自己的肉体本性击败他们。

我花了很多年也不太懂得,"**在肉身受过苦的,就已经与罪断绝**"这话的含义。我曾对自己说:我以为耶稣在十字架上受死时,一切该受的苦都发生过了。我就不能在祂已经受过的苦上再添加什么苦了。

然而,我终于看出,这苦在于我们钉死自己的肉身,本章开始时引用过一节经文:"**凡属基督耶稣的人,是已经把肉体,连肉体的邪情私欲,同钉在十字架上了。**"(加五 24)

任何人钉死自己的肉体,必定是痛苦的。从某种意义来说,我们必须把钉子钉进自己的手和脚中,把自己钉在十字架上。

这里有一个钉死肉体的例子:一位二十岁的年轻女子委身于主,热切希望事奉主。她遇到一位自称是基督徒的男子,他去教会是为了与这女子在一起。他说要娶她为妻，这女子也动了感情，她不知如何处理。

牧师看出这男子的目的。出于爱惜这位姐妹的灵魂，牧师就告诉她："他来教会只是想得到妳，他不是真正的基督徒，不要轻易嫁给他。"

这女子面临两个选择：满足自己的肉体，或把它钉十字架。

她的肉体说"我爱他"，她说"但我更爱耶稣"，她就把那第一颗钉子钉进了自己的右手。

后来肉体的声音又说："但我想要成家，生养孩子"。她又把第二颗钉子钉入她的左手。

同一个声音说："但我害怕一辈子孤单"。她又把最后一颗钉子钉进了她的脚。

手脚都必须被钉，是很痛苦的，但不会长久，过一段时间她就自由、开心了。我们走过来的人知道，神会在正确的时间安排正确的男子出现。

但假如她拒绝钉死肉体而嫁给他，婚后很快就看到他不是真正爱主，更遑论属灵的头，争吵了十五年，他抛弃了她和三个孩子。

哪一种决定更痛苦呢？是对付肉体，还是花十五年嫁错人，然后独自抚养孩子呢？当然两者都痛苦，但我们痛苦的根本原因是肉体的本性。问题是，你会接受神的解决方式，还是走另一条道呢？

神的解决方法很痛苦，但只是短暂的。她在婚前看清楚嫁错人的痛苦后果而忍痛割爱，但那伤痛会在一两年内愈合，然后她就可以自由去为神度过以后的一生了。

大部分基督徒的一生中都会遇到危机，特别是那些蒙呼召参与特别事奉的人。在这危机中，他们可以选择按肉体的方式去做，而失去神；或者他们钉死肉体，忍受痛苦。这样的苦可以锻炼人的性格，使人更委身于主，不再受罪的奴役。

因着自己的经历，我看到自己面对正确或错误选择的情形。我可以体贴自己，走肉体的路；或者背上十字架。即使我并不真正理解自己所做的事，我把钉子钉进了自己的身体，五十多年之后，我庆幸自己做了这个决定！

再细读彼得所说的话："基督既在肉身受苦，你们也当将这样的心志作为兵器。因为在肉身受过苦的，就已经与罪断绝了。你们存这样的心，从今以后，就可以不从人的情欲，只从神的旨意，在世度馀下的光阴。"（彼前四 1-2）

你可以来到一个位置上，使罪不再辖制你！

这是十字架提供的第四个荣耀的释放。

第十五章、从世界中得救

本章说到最后一个得救释放。保罗写信给一些因宗教成就而夸口的人,:"但我断不以别的夸口,只夸我们主耶稣基督的十字架。因这十字架,就我而论,世界已经钉在十字架上。就世界而论,我已经钉在十字架上。"(加六14)

十字架介于真正的基督徒和世人之间。世界朝基督徒方向看,所看到的是十字架上的一具尸体,并不好看。基督徒朝世界的方向看,所看到的也是大致一样的东西,没有什么可以吸引他的,两者之间是一个完全隔绝的界线,那隔绝物就是十字架。

我们必须再次思想世界的含义。在第十二章说到两个容易混淆的词:aeon 和 cosmos,都是代表世代。aeon 是计量时间,而 cosmos（或世界）是一个社会学名词,论到人。

加拉太书六章 14 节的世界是 cosmos。我们需要从现今这个世界体系中得拯救,这个体系由所有拒绝耶稣基督的人组成,他们拒绝基督代表神按正义统管世界。

路加福音有一个发人深省的比喻:"有一个贵胄往远方去,要得国回来。便叫了他的十个仆人来,交给他们十锭银子,（锭原文作弥拿,一弥拿约银十两）说,你们去作生意,直等我回来。他本国的人却恨他,打发使者随后去说,我们不愿意这个人作我们的王。"(路十九 12-14)

这是描写耶稣离开世界去到天上的父神那里,然后等待再来,重建祂的国度。这里也同时描写了世界体系里的人:"我们不要这个叫耶稣的人统治我们,我们也不要认他为主。"

分界线是什么？

世上包括形形色色的人,无神论者、信奉不同宗教的人、和一些上教堂的体面好人。你也许说这最后一种人不属世界,他们也上教堂。

但是若要看人们是不是属于世界,就要挑战他们是否全然向耶稣基督委身,他们里面或许会出现不大体面的东西。宗教的外表一旦被除去，就显出里面的叛逆，不管是信教的人，或生活正派的人，叛逆毕竟是叛逆，就跟无神论者或信其它宗教的人一样。

分界线就是对主耶稣的顺服。那些顺服耶稣为主的人不属于世界，他们越过了世界的界线，进入了神的国里。你既在神的国里，就必须与神国君王有正确的关系。许多人想在神的国里，却不想要这位君王！那正是耶稣时代以色列人的情形。他们想要神的国度，却拒绝这位君王，同时也就弃绝了神的国度。

没有人可以拒绝这位大君王，却又在神国里面。决定我们是否在神国度里的因素，在于我们与耶稣的关系。我们真正顺服祂吗？这并不意味着我们需要完美，其实，当我们愿意顺服于耶稣时，祂通常要理顺我们生命中的许多事情。不过这的确意味着我们不断地让祂在我们身上做工，尽管有时候我们不大情愿，也不一定很欣赏这一点，但这总比走另一条路强！

当主找到我时，我是世界的一部分。作为专业哲学家，我对宗教不感兴趣。但有一天夜晚，神突然把我拉出了这世界，扔进了神的国里，我当时一点教义知识也没有，但我遇到了耶稣，并降服于祂。

自此我也经历过许多挣扎，但从未想过回到世界去，因为那里根本就没有什么吸引或诱惑我的东西。

在神的国里不一定总很容易，但比起在世界可好得多！我一夜间就走了出来，改变我的不是教义，而是耶稣。我遇到了那位要求我绝对忠心、顺服的主。

世界体系

彼得说到神对这个世界体系的审判：**"他们故意忘记，从太古凭神的命有了天，并从水而出，藉水而成的地。故此，当时的世界被水淹没就消灭了。"**（彼后三 5-6）

彼得主要不是指当时存在的物质世界，大地本身是不能消灭的，太阳系没有消灭。按更深一层的含义，消灭的是某种社会秩序，洪水前人的秩序，他们的问题是不顺服神公义的治理。神以一次性短暂彻底的审判灭绝了他们。

现在一个新的秩序形成了，在许多方面有所不同，但有一点与洪水之前的世界是一致的，它不顺服于公义的治理。但除了耶稣基督，神没有提供其它的治理方式

让我们思想新约告诉我们的一些世界体系的事。这些真理是发人深省的，但却为现代教会大大忽略了。

三个基本试探

约翰壹书二章 15-16 节所论的与当代思维恰恰相反，但却非常真实：**"不要爱世界，和世界上的事。人若爱世界，爱父的心就不在他里面了。因为凡世界上的事，就像肉体的情欲，眼目的情欲，并今生的骄傲，都不是从父来的，乃是从世界来的。"**

这是非常清楚的，理解它不需要神学知识。世界的动机、态度、野心、愿望、标准或轻重缓急，都不是从父来的，但我们必须小心认清这真理。我们不是罪人的敌人，神爱世人，甚至将祂的独生儿子赐给他们。我们是不应该爱世人的秩序或生活方式。我们不能与世界为友，也与神为友。但我们可以像耶稣那样，作罪人的朋友。

这段经文启示了三个基本诱惑：**肉体的情欲**，指肉身的种种愿望；**眼目的情欲**，指贪恋的欲望；和**今生的骄傲**，意思就是"你休想告诉我该做什么！"这些诱惑在伊甸园里就动过工。分别善恶树的果子好作食物是属于肉体的情欲，也悦人的眼目，是眼目的情欲，它可以使人们不需要神也照样有智能，是今生的骄傲。

耶稣在旷野也遇到同样三种试探：

1. 撒但首先说**"吩咐这些石头变成食物"**（太四 3），那是肉体的情欲；

2. 接着撒但叫他从殿顶**"跳下去"**（太四 6），也就是说："以行动显示你不需要父神！"，那是今生的骄傲；

3. 最后，魔鬼把世上万国与荣华都指给祂看，说：**"你若俯伏拜我，我就把这一切都赐给你。"**（太四 9）那代表眼目的情欲。

感谢神，尽管亚当在一个完美的环境里失败了，但是耶稣作为"末后的亚当"，在旷野禁食四十天之后完全获胜了。

耶稣的试探击败了世上所有试探的本质，每个试探都离不开这三种：肉体的情欲、眼目的情欲和最危险的今生的骄傲。

这个世界不会长久

"这世界，和其上的情欲，都要过去。唯独遵行神旨意的，是永远常存。"　　　　　　　　　（约壹二 17）

这是多么触目惊心的陈述啊！世上每样东西都不是永恒的，没有一样可以长存。但如果你与神的旨意联合，说："我在这里是要按神的旨意行"，你就不会动摇。你永远也不可击败，因为最终神的旨意是永远不可击败的。关键是使你的心意与祂的旨意相一致。

魔鬼会设法说服你"这样你会放弃太多"，但你千万勿听信牠的谎言。把你的心意与神的旨意联合起来是一件蒙福的事！它带走你的"无依无靠，必需靠自己"的重担。

把重担交到父那里，祂会照管你的。

我们不应当与世界为友

雅各书四章 4 节说得十分清楚："你们这些淫乱的人哪，岂不知与世俗为友，就是与神为敌吗？所以凡想要与世俗为友的，就是与神为敌了。"

雅各说"淫乱的人"，意思是人向神委身以后，又转回世界去，是犯了属灵的奸淫罪，毁了对耶稣许配般的委身，这是再清楚不过了：与世界为友，就是与神为敌！

你必须作出选择！

世人会恨恶你们

在新约的作者之中，约翰花最多时间对付世界。这是他的重大主题之一。

约翰记录了耶稣离开之前与门徒们分享的话：

> "世人若恨你们，你们知道（或作该知道）恨你们以先，已经恨我了。你们若属世界，世界必爱属自己的。只因你们不属世界。乃是我从世界中拣选了你们，所以世界就恨你们。"

> (约十五 18-19)

第 19 节很值得我们注意，这里"世界"一词出现了五次之多。神一定借此在强调某些信息。

耶稣的意思是无可置疑的。世人恨恶我们不足为奇，现代教会的问题反而是世人不恨恶我们。

之前，耶稣对那些不相信祂的弟兄们说："**世人不能恨你们，却是恨我。因为我指证他们所作的事是恶的。**"（约七 7）

他的弟兄们是世界的一部分，因为当时他们拒绝神在耶稣里的公义的治理。

只要你是世界的一部分，它就不会恨你。但如果你与世界分离，见证公义的真理，世界就一定会恨恶你。

为什么世界很少恨恶教会呢？因为我们没有使它窘迫，它与我们共存很舒适。

有人估计今天在美国有五亿重生的基督徒，如果那是真的，世界会感到其影响力。但事实上，基督徒很少影响世界。同样，在今天大部分欧洲国家，基督教被视为与时代不合的事，是远古遗留下来的事，尽管到处有大教堂，但与现代生活不大相干。世界不是反对基督教，而只是走自己的路。

世界在撒但的手中

约翰说："**我们知道我们是属神的，全世界都卧在那恶者手下。**"（约壹五 19）

那恶者就是撒但。按字面翻译是：全世界都卧在那恶者的手中，牠控制整个世界。

启示录十二章 9 节道出撒但的四个称号："**大龙就是那古蛇，名叫魔鬼，又叫撒但，是迷惑普天下的。他被摔在地上，他的使者也一同被摔下去。**"

1. 魔鬼 —— 我们的敌人是魔鬼，希腊原文的字面意思是"毁谤者"。

2. 撒但 —— 意思是敌人，抵挡我们的敌对者。

3. 大龙 —— 一种可怕的怪兽。

4. 古蛇 —— 一种狡猾的蛇。如果他不能从前门闯进来，他会从下水洞里钻进来！

   撒但在这四个角色中欺骗了全世界。

脱离世界体系的路

我们必须承认，作为委身的基督徒，我们在这世界没有位置。我们根本就不属于它。我们在这里道出的世界骗局的种种形式谈不上完全，但我们必须从世界的观念、价值、论断、压力和诱惑之中释放出来。我们不能允许任何这些东西支配我们的思维。

现代文化中，传播世界压力的最大渠道是电视。我不是说所有的电视都错了，但电视把世界带进家庭里，电视节目控制了人的思想。大部分的电视广告不外是诱惑人去追求那些并不需要及付不起的东西。商家不惜花费巨款作广告，只因为他们可以成功支配人的消费，从而加倍牟利。

我不能决定你的生活方式，但我已经决定了我自己的生活方式，不让电视支配它，那样的生活不是牺牲，而是释放！若要我每天盯着电视数小时，那简直是折磨我。

我并非提议人人都应当像我。但你应当自问：我的价值、标准、论断、轻重缓急从哪里来？

保罗描写那些在生活中不实践十字架的基督徒可悲的画面："**因为有许多人行事，是基督十字架的仇敌。我屡次告诉你们，现在又流泪的告诉你们。他们的结局就是沉沦，他们的神就是自己的肚腹，他们以自己的羞辱为荣耀，专以地上的事为念。**"（腓三 18-19）

他们的根本问题是：他们不是基督的敌人，但却是十字架的敌人。他们想从耶稣那里得到一切，只是不想要一件东西：就是十字架在他们生命中作工。

"他们的神就是自己的肚腹",这是指某些基督徒。这里也说"他们以自己的羞辱为荣耀",是指有些基督徒喜爱一些应当以为羞辱的事。这种情况可以用一句话来总结,他们"专以地上的事为念"。

结果他们是自取灭亡,结局就是沉沦!

这结局多么可怕,求神帮助我们脱离世界的体系!

悔改

悔改,是唯一的出路!

耶稣的开路先锋施洗约翰大声疾呼:"**天国近了,你们应当悔改。**"(太三 2)

记住福音的目的:**迎见神的国。进入神国的第一大要求是悔改!**

耶稣开始祂的事工时,从施洗约翰遗留下来的事开始:"**从那时候,耶稣就传起道来,说,天国近了,你们应当悔改。**"(太四 17)

悔改,就是放下自己的叛逆,不立自己的标准,不做自己的事,不以自己的方式考虑事情。从此背离这一切,毫无保留地顺服神公义的主宰,就是主耶稣。

相信

悔改之后才有信心。许多人因信而挣扎,因为他们从来没有悔改过。惟有悔改,才能有救恩所必需的真信心。

所以要背离叛逆体系,进入神的国,顺服这位大君王!

那才是真正的悔改!

脱离世界体系之路取决于悔改!

第四部分

如何支取神所预备的好处

第十六章、从法律到经历

在这最后三章，我会有一些实际的操作指示，帮助你支取神借赎罪给我们提供的一切好处。在此先复习之前学习的两个大主题。

九种替换

在本书第二部分，我分析了耶稣死在十字架上所发生的九种替换：

1. 耶稣受刑罚，使我得赦免。
2. 耶稣受鞭伤，使我得医治。
3. 耶稣因我的罪而成为罪，使我因祂的义而得以称义。
4. 耶稣死于我的罪，使我可以分享祂的生命。
5. 耶稣成为咒诅，使我可以领受祝福。
6. 耶稣忍受了我的贫穷，使我可以分享祂的富足。
7. 耶稣担当了我的羞辱，使我可以分享祂的荣耀。
8. 耶稣忍受了我的被弃，使我可以有祂的接纳。
9. 我的旧人已经在祂里面被钉十字架，使新人在我里面得生。

我鼓励你牢记这些替换。这些十字架上带来的替换会更新、塑造我们的生命。

五方面的得救

在第三部分，我们也看到圣经加拉太书中所描述的，十字架在我们的生命里会带来的五种不同方面的得救。借十字架我们可以领受：

1. 从现今邪恶世代得救。
2. 从律法中得救。
3. 从自我中得救。
4. 从肉体中得救。

5. 从世界中得救。

这一切都是神所做的。我们必须知道如何支取，才能得着那些好处。而这正是以下几章的主题。

如果你失去神的供应，那并不是因为太难，而是因为太简单了！神计划叫我们支取祂的救恩，并不是一件复杂的事。

约书亚的模式

约书亚记包含了一个我们要遵循的很好的模式。在摩西去世之后，约书亚肩负重大责任，带领以色列人进入迦南地。

接替摩西可不容易。主对约书亚说："**我的仆人摩西死了。现在你要起来，和众百姓过这约旦河，往我所要赐给以色列人的地去。凡你们脚掌所踏之地，我都照着我所应许摩西的话赐给你们了。**"（书一 2-3）

神的应许有两种不同的时态，神首先说"**我所要赐给**"，然后是"**赐给你们了**"。

主也安排天地万物："**地和其中所充满的，世界和住在其间的，都属耶和华。**"（诗二十四 1）

当神赐下什么时，那就定下了，是不容争辩的。在这一段中，主说："你们所能看到的地，我要赐给你们"，然后祂说："我已经赐给你们了"。从那一刻起，从法律上来说，迦南全地都归以色列子孙的了。然而，从经历上来看，他们实际上比在主说这话之前没有多占领任何土地。

以色列儿女可能会有两种错误的反应：

1. **灰心**："神已经说把这一切都给了我们，但我们所拥有的并不比从前多一丝一毫！"

2. **自以为是**：这是与灰心相反的反应。他们可能排列在约旦河东岸，抱着双手，朝西看去，说："那都是我们的了"，而其实他们所拥有的，比他们开始前一点也不多出半分。

又或者他们可以稍加冒险一点，越过约旦河，在西岸排列，朝西看，抱着双手再说："这都是我们的了"。从法律上来看，他们倒是对的，但经历上他们大错特错了，迦南人仍然拥有那地。

教会的应用

有时候教会也是如此，不论我们可能在约旦河的哪一面，我们可以远远看着应许之地说："那都是我们的了"，按法律上来说，我们是对的，但经历上却是错的。我听过人们说："我得救时，就得着这一切了"。我就会说："这一切又在哪里呢？让我们看一看啊！"

这的确是很真实的事。法律上来说，一旦我们重生，我们就是神的后嗣，与耶稣同作后嗣，一切属于耶稣的东西也属于我们。然而我们还未拥有它，因为法律上和经历上是有区分的。

法律上来看，耶稣在十字架上受死为我们带来的一切，都已经是我们的了，是神已经预备了的。但从经历上来看，我们还没有进入祂为我们预备的一切之中。我不认为有任何人已从经历上支取了耶稣借十字架的代死为我们所预备的一切。

"因为他一次献祭，便叫那得以成圣的人永远完全。"（来十14）十字架是一次献祭。神说："**我已经赐下了**"。但成圣像过河一样，我们必须走进那地，拥有它。

为产业争战

神行了两大神迹，把以色列人带进了应许之地，在他们过河时，神填平了约旦河，并摧毁耶利哥城。从那时起，他们就必需为所得一切而争战。

这在基督徒生命中也一样真实。神会为你行一定的神迹把你带进来，之后，你只得着你所奋战的。如果你不奋战，你就一无所获。

历史上以色列人没有在那时占领全地，而是与外邦人共存，这对他们来说是一大灾难。这也描述了教会，试图与不应当在那里的敌对势力共生存。

约书亚和以色列人进入他们的产业之地，正是你和我的一个模式。不要踌躇满志地交叠双手说："这都是我们的了"，否则你发现自己老是卷入大争战中时，注定会失望。这是整个过程中的一部分。

恢复我们的产业

俄巴底亚书一段相关经文带出了强有力的信息，说到我们要得回我们的产业。经文描述该世纪末期以色列国的复兴。这已经在我们这个时代渐渐发生了，尽管要走的路还很远。

> "在锡安山必有逃脱的人，那山也必成圣。雅各家必得原有的产业。" (俄一 17)

留意三个关键的概念："逃脱"、"成圣"、"神的子民得原有的产业"。（得着我们从来没有拥有的产业是很可能的）这些正是步骤。根据一个极简单的大纲，神的子民就可以得回他们的产业了。

我密切注视以色列和中东的事件。就历史而论，我的观点是，因为不顺服，以色列人被流放在神赐产业外达十九世纪之久。目前他们正在返回原土之中。

这不仅对以色列人是真实的，对神的其它立约子民也同样真实。教会在神赐产业之外的时间也几乎同样的长。如果你把使徒行传中描写的教会与历代以来的教会相比较，你必同意它们之间的相应之处很少。那么，以色列回归地理上的产业，对教会回归她在基督里的产业，既是一个模式也是一个挑战。步骤是一样的：逃脱，成圣，得我们的产业。

在前一部分和本章开始，我们看到了加拉太书中列出的五种得救（逃脱）。如果神的子民要得回原产业，这些得救是必须的。

若没有圣洁，我们也不能支取我们的产业。请记住希伯来书十章 14 节："因为他一次献祭，便叫那得以成圣的人永远完全。"

也就是说，当我们在圣洁中渐进时，我们是在走回我们的产业之中。

信心从哪里来？

现在我们来到实际的方面：如何支取十字架为我们带来的供应？

首先我必须要强调信心：

"人非有信就不能得神的喜悦。因为到神面前来的人，必须信有神，且信他赏赐那寻求他的人。"（来十一6）

没有信心而想得神喜悦是不可能的。根据这节经文，我们必须相信两件事：

1. **"必须信有神……"**
2. **"且信他赏赐那寻求他的人。"**

大部分人相信神的存在，那还不够，你必须相信如果努力寻求神，祂就会赏赐你。

信心是根本，另一样事也同样是根本：**勤奋**。

圣经论到懒惰没有一句好话可说！圣经斥责醉酒，但却更加严厉地斥责懒惰。然而，我们教会中一些价值观却是扭曲的，因为我们斥责醉酒的人，却容忍懒惰的人。

神不赏赐懒惰，这需要我们调整轻重缓急！我们如果努力寻求神，我们需要有信心，从而得着赏赐。

有时候我们相信自己是在努力寻求神，然而好像并不能得到赏赐。（我相信这不是我一个人的经历）。这时你就应当持守住信心。希伯来书的作者说神赏赐那些努力寻求祂的人。不管发生什么事，不论你是否看到或感觉到，你的赏赐是肯定的。它也许不在你期待的时候发生；也许不以你期待的方式发生，但这一点却是肯定的：**神赏赐那些努力寻求祂的人**。

我们如何得着这样的信心呢？在前面我曾经描写了我在医院卧床一年，如何急迫地寻求信心，神给了我一句美好的经文，是照亮黑暗中的一道光：**"可见信道是从听道来的，听道是从基督的话来的。"**（罗十17）

这是使我走出医院，生死攸关的经文，今天对我仍然非常真实。

但我们不可把它过于简单化。有些人说信道是从听神的话来的，这并不是保罗的原话。他说"听"是从神的话来的，"信"是从听来的。

这里有两个阶段。当你敞开心怀意念来到神的话语面前时，首先临到的是听，是听见神说话的能力，这话对你变得真实，然后从听之中发展出信心。

问题是我们许多人不给时间把"听"发展成"信心"。你必须不限制时间地向神的话语敞开自己。这是我与神同行时发现的一件事，不要限制神的时间。如果我们开始祷告，知道只有半小时，就只能领受到半小时所能给我们的东西。反之，若来到神面前是为了听神说话，不设时间限定，结果必大不相同了。

神不给我们瞬间即得的信心。我们太习惯于速成，以至把神也当成是这么回事了。许多教会里的人以为神是自动购物机，放进硬币就可以跌出自己想要的饮料了。神不是机器，祂有位格，需要我们单独、个别地与祂交往，才能得着结果。

我建议你准备安排更多时间，安静听神借祂的话语对你说的话。如果你不花时间听，而只是读圣经，还是不行，因为信心不从读圣经而来，而是借圣灵，从神对你说的活泼的话而来。先"听"，后"信"。

在罗马书十章 17 节，希腊文"话语"这字是 rhema。它不是指天上永远立定的神的话（那在希腊文是 logos），而是指神对你在既定时刻所说的话。

正如耶稣在马太福音四 章 4 节所说的：**"人活着，不是单靠食物，乃是靠神口里所出的一切话。"**

简单地说，我们不是靠着一本厚厚的书而生活，而是靠神的话语，在任何时候由圣灵使它对我们个人变得真实。圣经是白纸黑字组成的，对我们没有什么作用，真正把它们变得可以产生信心的是圣灵，祂使神的话语成为活泼的话语，从而成为 rhema，即神对你我说出来的话。

从前我是以一位哲学家的身份研读圣经的，出于我的职业责任，我必须知道圣经的内容，否则我就不能以权威的口吻谈论圣经。圣经很枯燥，里面没有什么吸引我的，我惟有耐着性子才能读下去。

　　我想，没有一本书可以打败我，我要把它从头读到尾。

　　九个月后的某一个深夜，我超自然地遇到了耶稣，那不是一个智力所做的决定，而是一种经历。第二天，我拿起圣经时，它变得完全不同了！就像宇宙间只有神与我两个，圣经成了神对我个别说话的声音，那是非常让人惊叹的！

　　这是我们每一个人必须来到的地方。不论代价有多大，不要满足于表面关系，而要与神发展个人关系，让祂的话语对你个别说话。首先你需要培养"听"，然后从"听"中得"信心"！

怎样读圣经？

以下是两种亲近圣经的方式：

1. 把它当作神的话语

　　保罗说他以帖撒罗尼迦信徒为荣，说他们是周围其它基督徒的榜样。他道出原因："**你们听见我们所传神的道，就领受了，不以为是人的道，乃以为是神的道。这道实在是神的，并且运行在你们信主的人心中。**"（帖前二 13）

　　当我们这样领受圣经时，不把它当作是人的道理，不把它与人的写作和人的智能放在同一个层次上，而认为是神在与我们说话，它就运行在我们的心中了。当你用心把自己的心向神的道敞开时，它就会在你心中作工。

2. 存温柔的心

　　"**所以你们要脱去一切的污秽，和盈馀的邪恶，存温柔的心领受那所栽种的道，就是能救你们灵魂的道。**"（雅一 21）

　　以温柔的心领受神的道，就是承认神是老师，我们是学生。我们不指示神该怎样管理宇宙和我们的生命。我们要谦卑地听祂教导。

　　最近我对信心有了一个新的、简单的定义：信心就是认真对待神，以信心读圣经就是认真对待神所说的每一件事。当神说"去做"，我们就去做。

如果你领会这里说的例子，你的生命必会发生改变！

帖撒罗尼迦前书五章 18 节说：**"凡事谢恩。"**

每样事情都谢恩。你相信吗？你能认真对待这句话吗？你实践了它吗？

当你穿衣服、鞋子时，你要感谢神，要想到有许多人没有足够衣服穿；当你进到车子里，为你的车感谢神；当你在高速公路上驾车时，为高速公路感谢神。即使路上塞满了车，要花费许多金钱和劳力修正公路，也不要把它当作理所当然。

换句话说，不要偶尔想到时才感谢神，而要养成凡事感谢神的习惯。这会彻底改变你的生命！

这例子可以说明存温柔的心领受神的道的含义。你也许说："这似乎不大合理，毕竟是我自己付钱买的衣、鞋和车。"但记住你的钱也是神所赐的，一切都从神而来。

要存温柔的心领受神的道，说：**"主啊，祢的话说要感谢祢，所以我为这所有的事感谢祢。"**

从法律到经历

我为本章作一个总结，说明如何借运用神的道从法律上转向经历上。

耶稣说：**"你们要先求神的国和他的义……"**（太六 33）

把神和祂的道放在你生命中一切事务之先。先求神和祂的道。用足够的时间读神的话语，培养起你的真正信心。把经文当作神对你个人所说的话。存温柔的心领受祂的话，并及时地顺服祂的命令。

让这些事在你生命占据首位，比其它一切事优先。当你的优先次序得到调整时，而且你对神和神的道存适当的态度，允许信心进到你里面时，你就开始上路，开始领受神为你的预备了，然后你就能够支取耶稣借在十字架上的受死为你预备的一切。

第十七章、全备救恩的个人向导

耶稣在十字架上受死为祭，为每一个信徒提供了今生和永恒的一切所需，救恩是全备的，但我们对它的支取却是渐进的。我们该怎样进入神借耶稣在十字架上的祭进入神的一切预备之中呢？

在前一章我指出第一个基本要求：信心。凡来到神面前的人必须相信，信心不是一个选择。

"你必须信有神，且信他赏赐那寻求他的人。"（来十一6）

本章要看另一个要求：学习与圣灵交往。神的灵引导我们支取神的赎罪带来的一切预备。祂个别引导你得到你的所需。

救恩不单单是使你的罪得赦免，尽管，感谢神，罪得赦免是救恩的一个基本部分！救恩是神借耶稣的代赎为祂的子民所做的全部预备。

在第四章中我讲到"SOZO"这希腊字，通常翻译为"救"。我指出 SOZO 这字用在福音书中指病人得医治，人们从邪恶下得释放，死人复活以及神子民的全备保守。这一个字描写这所有的好处。所以我对救恩的定义是它涵盖一切预备，借耶稣在十字架上的代死为祭，一切属灵、情感、物质上、今生及永恒的需要都包括在内了。

重生是一次性的经历。它一次性地把你带入救恩。而得救是一个渐进的经历，你必须用脚去踏每一片应许之地，去探索，去占领。救恩就像迦南地，神要求以色列人分阶段去征服占领。

在诗篇七十八篇中，救恩包含神为祂的子民出埃及、进入应许之地所做的每一件事。包括每一个怜悯、祝福和供应。包括他们从埃及释放出来，越过红海，云柱在上面引路，玛哪的供应，岩石出水，衣鞋从来不穿坏，并把外邦人从他们面前赶逐出去。这一切事可以用这"救恩"一词来总结出来。

但以色列人不相信，不顺服，诗篇七十八章19节说他们"妄论神"。

"所以耶和华听见，就发怒。有烈火向雅各烧起，有怒气向以色

列上腾。因为他们不信服神，不倚赖他的救恩。"　　　　（诗七十八 21-22)

以色列人的根本问题是不相信神，不依赖祂的救恩。这一段经文显明：**不信，令神发怒。**

同样的问题在教会中也很真实。我们不相信神，不信他对我们每一个需要有全备的供应。然而神想要我们凡事依赖他。

在罗马书八章 32 节，神宣告祂为我们所预备的包括"万物"。"神既不爱惜自己的儿子为我们众人舍了，岂不也把万物和他一同白白的赐给我们吗？"

这好比一张空白支票，神把你的名字写在收款人那栏上，并在支票上签了祂的名。但祂没有写数额，你可以按自己的需要填上数额！

耶稣是宇宙间的至宝，最亲近神的心，如果神乐意赐下耶稣，为我们死在十字架上，祂就不可能留下任何其他东西不给我们。

若没有耶稣，除了审判，你不能从神那里得着任何东西。但因着耶稣，神就会因为耶稣而把你的一切所需赐给你。再没有其它什么需要做的事了，也没有额外要求，神将万物都白白地赐给你了。

那是包罗万象的救恩，借耶稣代死在十字架上这个礼物而来的。但在我们认识圣灵的角色之前，我们还不能进入这完备的救恩。

圣灵的角色是什么？

希腊文和中文一样有三种词性：阳性、阴性和中性。"灵"这字在希腊文中是中性，因而圣灵相应的代词应当是中性"它"，但是当耶稣说到圣灵时，用的是和圣父、圣子一样有位格的代名词："只等真理的圣灵来了，他要引导你们……"（约十六 13)

得胜基督徒生命的关键之一，在于明白圣灵是有位格的，与祂交往。如果我们把祂邀请进来，并满足条件，圣灵会进到我们里面。我们必须与祂为友，那是再好不过的事！祂真的是我们的良友！

圣灵帮助我们支取基督赎罪为我们带来的全部供应，祂的角色如下：

一、圣灵施行救恩

圣灵是救恩的唯一执行者。祂掌管神一切供应宝库的钥匙！祂开启神宝库的大门，供应我们的所需。然而教会却常常忽略祂，包括许多大谈圣灵的五旬节派和灵恩派的人。

如果你想领受你的产业，得到神的预备，就当与圣灵为友。

耶稣准备离开祂的门徒之前，向他们预告将要发生的事：

> "然而我将真情告诉你们。**我去是与你们有益的。我若不去，保惠师就不到你们这里来。我若去，就差他来。**"　　（约十六7）

留意耶稣所谈的是角色的交换："我要回到天上去了，但会另有一位来替换我的位置"。接着祂说了一句惊人的话："我走了会对你有好处，我去天上，圣灵来地上，比起现在你在地上和我在一起，而圣灵在天上，会对你更好。"

大部分基督徒看不到这一点。我们总是想，回到耶稣和门徒一起在地上的日子该有多好呵！那的确很好，但耶稣说："那只是一个转折阶段。现在我离开你们，圣灵来地上接替我的位置，对你们有好处。然后，在天上我会借着圣灵无时无刻在任何地方作工，不受一个肉体的限制，所以我离开，对你们是好的。"

二、圣灵引导我们进入真理

> "**只等真理的圣灵来了，他要引导你们明白（原文作进入）一切的真理。因为他不是凭自己说的，乃是把他所听见的都说出来。并要把将来的事告诉你们。**"(约十六 13)

圣灵是全宇宙最不把注意力引向自己的那一位，因此我们容易忽略祂。耶稣说，当圣灵来到时，不凭自己说任何事，而只把祂听见父神、圣子所说的都说出来。圣灵是把注意力引向耶稣。

耶稣说："**他要荣耀我。**"（约十六 14）

试验一件事是否来自圣灵的其中一个好办法，是看它是否荣耀耶稣。如果它高举人的个性或专注于一个教义或宗派，就不是圣灵的工作。圣灵不荣耀这些事，祂荣耀的是耶稣。

亲近圣灵是一项很值得去做的事，我们应当花时间赞美、高举耶稣的名。圣灵就会说："啊！那正是我爱听的。我要去与那些人同住。"

我们必须知道圣灵的喜好，然后满足祂的要求。

三、圣灵帮助我们辨别真理

圣灵不单带我们进入真理，祂也是唯一可靠的向导。

约翰写信给早期的基督徒说："**你们从那圣者受了恩膏，并且知道这一切的事。**"（约壹二 20）

约翰所指的是圣灵。今天，神的子民有没有这样的膏抹来识别真假呢？通常所谓"被圣灵充满"的基督徒最容易被骗，他们没有学会区分什么是吵闹、体贴肉体、自我卖弄，什么是荣耀耶稣。

约翰说："**他要荣耀我。因为他要将受于我的，告诉你们。凡父所有的，都是我的，所以我说，他要将受于我的，告诉你们。**"（约十六 14-15）

耶稣是何等谦卑！祂不想使我们认为祂是一切事物的原创者和拥有者。祂说："这之所以是我的，只是因为父神把它赐给了我。"这是荣耀另一位的极美好的例子！圣灵荣耀耶稣，耶稣荣耀父神。然后祂把我们指向圣灵："当真理的圣灵来了，他要把我的宣告、启示分赐给你们。"

可见，圣灵掌管着神宝库的钥匙。父神和圣子所有的都由圣灵执行。许多基督徒学习教义却从来没有与圣灵交友，但这却是必须的！

圣经的画面

我们这些属神的人，有圣灵作为我们人生漫长旅程中极好的向导和保护者。创世记二十四有一幅非常不错的图画：亚伯拉罕为儿子以撒寻找新娘的故事，当中描绘了圣灵的角色。

亚伯拉罕说："我不要为我儿子娶这迦南地中的女子为妻。她必须出自我的本地本族。"这反映了流传至今的典型中东习惯。

这位先祖派他的仆人去他的本族人当中，找一个合适的女子，并把她带回来。

在这个故事中，亚伯拉罕是父神的预表，以撒那唯一的儿子是耶稣基督的预表，利百加那选中的新娘是教会的预表。另一个人物，那无名的仆人则是圣灵的预表。创世记二十四章是圣灵的自画像，但祂从来没有签下自己的名。

无名的仆人带了满载礼物的十匹骆驼出发了。同样，当圣灵到来时，祂不会空手而来，祂会带来满载礼物的骆驼。

这位仆人为了寻求合适的女子，来到井旁时，他祷告："我主人亚伯拉罕的神啊，我求那位适当的女子不仅打水给我们喝，因为这一点谁都能做到，她也会打水给我的骆驼喝。"

一匹骆驼可以喝四十加仑的水，仆人有十匹骆驼，那年青女子就要打四百加仑的水。这样的女子不仅善良，还要健壮。这样的妻子该有多大的能耐！

当那仆人还站在井旁时，一位年轻女子走了过来，仆人就对她说："请给我一些水喝。"她说："喝吧，我也打点水给你的骆驼喝"。那正是教会的画面！这不是一位坐在前座唱唱诗的体弱女子，而是健壮、准备干活、肯舍命的女子。

仆人对自己说：这正是那女子。

在仆人与利百加家人会面之后，他说出亚伯拉罕为儿子找妻子的愿望，他们问利百加："你愿意与这个人去吗？"

她说："我去。"

这就是决心。她认识这位仆人不到 24 小时，但她决定与他一起走过一段漫长、艰险的旅程，以他为自己唯一的向导和保护人。作为教会，我们在与我们的新郎会面之前也有一段漫长、艰险的旅程，但我们有一位极好的向导和保护者——圣灵。

此外，利百加从来没有见过她要嫁给的人，她对以撒的认识是从仆人身上得到的。我们在与耶稣会面之前，我们对耶稣的认识都是从圣灵而来的。如果我们不与圣灵有深切、亲密的关系，可见我们的损失会有多大啊！

依靠圣灵的职事

"凡被神的灵引导的，都是神的儿子。"(罗八 14)

这一段经文对那些想要预备事奉的人是很重要的。

保罗所用的是现在进行时态，那些常被神的灵引导的，就是神的儿子。也就是说，当我常被圣灵引导时，我是以神的儿子的身份而生活。

你应当被神的灵引导。也许你学会了不同的规章、原则、步骤、技巧，当然那些不都是错的，但若完全依靠它们就是错的。我们只可以完全依靠圣灵。如果我们依靠祂，祂就会适当的引导我们。但若依赖规章，我们只能得到人的资源可以提供的结果。

作为基督徒，我们应当能给世界提供更多的好处。比如，一位专职心理学家有他的规章，作出的诊断或许对，或许不对。但我们蒙召是要作出更多。我们有一位极好的朋友，祂的名字叫圣灵，祂让我们任意使用属神的超自然的资源。

心理学家可能很危险，当有人来请你作心理辅导时，不要立刻就找一系列症状，所列出的也许很对，但你不能依靠它，而只能依靠圣灵。

有些人利用心理辅导技巧带你回到孩童时期、婴儿时候，直到在母胎时期。但当耶稣在井旁遇到撒玛利亚妇人时，祂是直接从圣灵那里得到一句知识的言语："**你已经有五个丈夫。你现在有的，并不是你的丈夫。**"(约四 18) 耶稣不必多说，那个从圣灵而来的洞察顷刻间就展示了那妇人的内心和生命。

我的已经去世的第一位妻子利底亚，从任何方面来看都是一位不寻常的女士。有一次我们考虑买房子，两位很自负的女房地产商前来推销房子，她们志在必得。

当她们一起坐在沙发上时，利底亚看着其中一位，突然说："我看妳的腿长短不一，妳想要我的丈夫为妳祷告吗？"

她又怎么能说不呢？于是我在那位经纪商面前跪下，当场为她祷告。她的腿痊愈了。她惊讶极了。我很快地移到另一位女士面前。

"我可以检查一下妳的腿吗？"

她的腿也痊愈了。

但从那时候起，这两位女士完全改变过来，不再是很僵硬的经纪商了，而是有真正问题的活生生的人，可以随意与我和利底亚商量。她们卖给我们一栋很好的房子！

是圣灵带来了这个变化！

圣经会引导你支取基督赎罪的一切应许。祂掌管着一切神供应宝库的钥匙，也会做你的个人向导。

第十八章、得着属我们的产业

在上一章我们看到，借着耶稣在十字架上的牺牲，神已经给我们提供了在每一个层面都全备且完美的救恩。不仅如此，神还为我们预备了属天的向导来带领我们承受产业。这向导就是圣灵。

我们可以拿约书亚和以色列人的例子作为范例，看神怎样带领祂的子民承受产业。在约书亚记一章2节，神说："**我现在给你**"这地。在第3节神说："**我已经给你**"这地。从那时开始，法律上那地已经属于以色列人。即使他们还没有开始去占领它。但在法律上属于他们的产业需要他们用经历去真实获得。

就主耶稣在十字架上的牺牲而言，这对我们也同样真实。耶稣为我们成就了一切。祂给我们提供的救恩是完美的，全备的，并且包罗万象的。但我们必须从律法的认知走到实在的经历，十字架才在我们生命中成为真实。我们需要在现实生活中使用耶稣已为我们预备的全备供应。这不是一个单一的经历，而是渐进的一系列生命经历。

新约中救恩这个词有不同的使用。它包含耶稣在我们生命中做工的不同方式，不只限于对罪的饶恕。也包括身体的医治，从恶者辖制中得释放，甚至也包括死人复活。所有这一切甚至更多含义，都包括在救恩这个词内。

所有这一切已经成就了。从律法来看借着对基督的信这已经是我们的。但就像约书亚和以色列人一样，我们也需要从律法走到实际经历中。

在使徒行传二章38-39节，圣经向我们展示了五旬节那天立定的基本圣经模式。彼得描写了耶稣的生死与复活之后，众人听了心里觉得不错，但他们仍未真归向主，他们大声说："**弟兄们，我们当怎样行？**"彼得向他们提出了三个连续的要求：

一、要悔改，
二、要受洗，
三、要领受圣灵。

这也是我们承受耶稣为我们获得的全备救恩的三个属灵步骤。以下逐一简单地说明每一个要求所包含的实质。

悔改

要完全理解悔改，就需要查考新约希腊文和旧约希伯来文中所用的不同字词。希腊文此词的意思是"改变心志"，基本上是指一个决定。希伯来文该词的意思是"掉转"或"回头"，指一项行动。

当我们把这两个用词结合起来，就看到悔改这完整的画面，它是以行动相随的一个决定。

路加福音十五章11-32节浪子的比喻是一个很明显的例子。**"我要起来，到我父亲那里去"**（路十五18）。浪子首先作了一个决定，随后是行动：他回头往原路回家去了。

或者，用一个现代例子来说明，悔改就是你一直在错误的方向行驶，然后你停下来，一百八十度转弯，开始朝相反的方向驶去。你的悔改只有你实际上朝一个新的方向行驶之后才有效。

神对悔改的要求，首先由耶稣的先锋施洗约翰在马太福音三章2节宣扬出来："**天国近了，你们当悔改。**"

后来，耶稣自己也重申："**日子满了，神的国近了！你们当悔改，信福音。**"（可一15）

今天，许多讲道几乎完全省略掉我们需要采纳的第一步：悔改。我曾参加一个在东南亚的聚会，大部分人都是中文背景，并没有很好的圣经基础。传道人传讲了很好的信息，论到如何借神的话得医治，但他没有用"悔改"这词。然后他最后说："如果你想得医治，到前面来接受祷告。"

一下子我看见一大堆拥到前头来要接受祷告得医治的人。他们的背景包括祖先敬拜、邪术、拜偶像，他们想要在之上加上耶稣！但耶稣从来不在我们生命中许多其它事物上作一个加码。他是一切基督信仰的唯一根基。

传道人应当说："你们当从邪术和罪恶之道中掉转过来，放弃你们几代以来的祖先崇拜和拜偶像的习俗，与它彻底决裂，归向耶稣！"

不幸的是，悔改不是他信息的一部分，聚会的结果是混乱，不是有效的事奉。很少人得救了，也许一个也没有，因为他们没有做到救恩的第一个要求：**悔改**。

大部分教会今天宣传的信息多是："如果你想摆脱你的一切问题，就来接受耶稣吧。"但接受耶稣并不解决你的所有问题，事实上，一开始你反而可能会遇到一大堆新的问题！

救恩不变的第一要求是悔改。新约不承认有什么不经悔改的救恩，反而新约总是把悔改放在相信之前。

路加福音二十四章 46-47 节，复活的基督向他的门徒解释他受死的必要性："**照经上所写的，基督必受害，第三日从死里复活。并且人要奉他的名传悔改、赦罪的道，从耶路撒冷起直传到万邦。**"

耶稣交托给门徒的福音信息，不单是罪得赦免，而是先悔改，然后才罪得赦免。

后来在使徒行传二十章 20-21 节，保罗在以弗所书中描写他的事工："……**我没有一样避讳不说的。或在众人面前，或在各人家里，我都教导你们。又对犹太人，和希利尼人，证明当向神悔改，信靠我主耶稣基督。**"

保罗简单在这里描写了他向每一个人所传的信息，不论犹太人或希利尼人，不论公开传讲或私下传讲，就是当向神悔改，信靠主耶稣基督。

在新约最后一卷书，启示录二至三章，约翰记载了耶稣向亚细亚省的七个教会所说的话，祂对其中五间教会的第一个要求是"**悔改**"。我们几乎可以肯定地说，今天的教会至少有相当的比例需要悔改。

多年来我辅导过许多有各种问题的基督徒。回忆我所听到的，可以总结出，在大多数情况下，一个根本问题就是"未悔改"。如果这些人领受并顺服悔改的信息，也许根本不需要更多辅导，问题就自然会迎刃而解了。

在我们未得赎时，需要悔改的主要的罪就是叛逆神。在二战末，败方被要求作无条件投降，否则没有和平。神的要求也一样，祂要求我们无条件投降，否则就不能与神和好。

我们不需要辩论、强求，或作任何保留。我们明确的回应必须是："神，我在这里，我降服于祢！告诉我该怎么做。"

转离罪，把自己委身于神，委身于耶稣的主权之下，这才是真正的悔改。这是救恩主要的要求，没有任何改变的余地。

受洗

"受洗"这动词直接来自希腊文，意思是"浸入"到水面或其它液体之下。作为一种宗教条例，犹太人在耶稣时代已经有某些此类的仪式习俗，包括受洗。受洗在施洗约翰的事工中也占有一个中心角色。当人们回应他悔改的信息时，他要求人们去到约旦河里受洗。因此，约翰的洗是公开承认一个人已经从自己的罪中悔改，但也就仅此而已。

耶稣在开始祂自己的事工时，也经过了约翰的洗。但祂没有犯过罪，因此祂受洗不是如一般人一样的认罪。

马太福音三章15节耶稣解释了祂受洗的原因："**成全诸般的义**"。通过约翰的洗，耶稣以一个外在的行为显明了祂拥有的内在的义。借着受洗祂进入了祂自己公开的事奉。

施洗约翰的事工是过渡性的，它结束了旧约先知的事工，为耶稣的事工和福音打开了一条新路。一旦耶稣完成了地上的事工，为我们的罪付上了赎价，约翰的洗就不再有效了。

使徒行传十九章1-5节记载了保罗在以弗所遇到约翰的一些门徒，向他们解释全备的福音信息，以耶稣受死和复活为中心。后来约翰的这些门徒奉耶稣基督的名受了基督徒的洗。

基督徒之洗的一个典型特色，在于受洗的人从行为上公开与耶稣的受死、埋葬和复活认同。

保罗提醒歌罗西的信徒："**既受洗与他一同埋葬，也就在此与他一同复活。**"（西二12）在借福音成全神的目的时，凡借信耶稣的赎罪而支取救恩的人，都要求以受洗这个行为来作一个公开的见证。这是典型的记号，证明他们是委身于主耶稣的门徒。

耶稣差遣第一批门徒出去时，指示他们："**他又对他们说，你们往普天下去，传福音给万民听。信而受洗的必然得救。不信的必被定罪。**"（可十六 15-16）

基督徒受洗不是救恩过程的一个附加成份，而是这过程的完成。耶稣没有向那些相信却没有受洗的人应许救恩，新约圣经中，没有任何人信基督不受洗就领受救恩的。

然而，基督徒受洗的关键不在于受死或被埋，而在于复活，这是为一个全新的生活方式打开了一扇大门。

保罗为这一点作了一个美妙的总结：

"**所以你们若真与基督一同复活，就当求在上面的事。那里有基督坐在神的右边。你们要思念上面的事，不要思念地上的事。因为你们已经死了，你们的生命与基督一同藏在神里面。基督是我们的生命，他显现的时候，你们也要与他一同显现在荣耀里。**"（西三 1-4）

领受圣灵

这是该过程的第三个也是顶峰步骤。为了正确的认识其内容，我们需要认清新约论到两种不同的领受圣灵的方式。

耶稣复活后第一次向一组门徒显现：

"**耶稣又对他们说，愿你们平安。父怎样差遣了我，我也照样差遣你们。说了这话，就向他们吹一口气，说，你们受圣灵。**"
(约二十 21-22)

第22节按字面解释，就是："他把气吹进他们里面，对他们说：'领受圣善的气'"。他们的行为也配合了祂的言语。那时门徒从耶稣那里借领受圣善的气而领受了圣灵。其实他们是借圣灵而重生了。他们领受了从神那里而来的复活的生命，那生命胜过撒但、罪恶、死亡和坟墓。

借着这个光亮，使徒约翰说："**因为凡从神生的，就胜过世界。**"（约壹五 4）宇宙间没有什么力量可以击败那从神而来的永恒生命，这生命是每一个相信耶稣的信徒由圣灵重生之后领受的。

但门徒仍然还要更多地领受圣灵。从耶稣复活到升天的四十天内，"耶稣和他们聚集的时候，嘱咐他们说，不要离开耶路撒冷，要等候父所应许的，就是你们听见我说过的。约翰是用水施洗。但不多几日，你们要受圣灵的洗。"(徒一 4-5)

即使门徒经历了复活主日的奇事，但在圣灵里面的洗尚未临到。耶稣这应许在使徒行传二章 1-4 节实现了：

> "五旬节到了，门徒都聚集在一处。忽然从天上有响声下来，好像一阵大风吹过，充满了他们所坐的屋子。又有舌头如火焰显现出来，分开落在他们各人头上。他们就都被圣灵充满，按着圣灵所赐的口才，说起别国的话来。"

在这里所描绘的经历有三个连续步骤：

一、受洗。一种浸没。他们都浸没在从上而临到他们身上的圣灵之中。这也许可以用尼加拉瓜大瀑布来形容这种受洗。

二、内注。他们都个别地受到圣灵的充满。

三、满溢。他们里面的圣灵借他们以超自然的言语满溢出来，用他们从来不懂的言语荣耀神。

门徒在五旬节那天的经历，彰显了耶稣在马太福音十二章 34 节指出的原则："因为心里所充满的，口里就说出来"。

这个由圣灵充满的经历，是使门徒有效见证耶稣必要的超自然装备。他们要为完全超自然的事件作见证，就是耶稣的复活和升天。见证这些超自然的事件需要有超自然的能力，这种能力在五旬节那天第一次彰显出来，也在使徒行传以后的记载中不断反映出来。

这种能力从来没有离开教会，今天的教会仍然可以得到。保罗清楚指出超自然的恩赐和圣灵的彰显要不断在教会中运作，直到世代的末了。

> "我常为你们感谢我的神，因神在基督耶稣里所赐给你们的恩惠。又因你们在他里面凡事富足，口才知识都全备。正如我为基督作的见证，在你们心里得以坚固。以致你们在恩赐上没有一样不及人的。等候我们的主耶稣基督显现。他也必坚固你们到底，叫你们在我们主耶稣基督的日子，无可责备。"(林前一 4-8)

我们可以就教会历史上两个关键日期圣灵的运作作以下比较：

复活主日	五旬节主日
基督的复活	基督的升天
圣灵的气	圣灵的浇灌
结果：得到复活的生命	结果：见证的能力

耶稣为那些领受复活主日经历并渴望得到五旬节经历的人，提供了一个应许：

> "人若渴了，可以到我这里来喝。信我的人，就如经上所说，从他腹中要流出活水的江河来。耶稣这话是指着信他之人，要受圣灵说的，那时还没有赐下圣灵来，因为耶稣尚未得着荣耀。"
> （约七 37-39）

这里有三个简单的要求：

1. 口渴、
2. 到耶稣那里去、
3. 去喝，直到你满溢！

旧约的模式

这一切都生动地在旧约以色列人出埃及事件中预表出来：

> "……我们的祖宗从前都在云下，都从海中经过。都在云里、海里受洗归了摩西。"　　　（林前十 1-2）

首先，以色列人在埃及时，由逾越节羔羊之血而救，免受神的审判。羔羊的祭代表耶稣，神羔羊的宝血洒在十字架上拯救悔改的罪人，免得他们受神的审判。

后来以色列人借双重洗礼，从埃及被拯救了出来。云里受洗，是从上而来的洗，代表圣灵的洗；以色列人过红海，海水超自然地在他们面前分开，这代表了浸礼。这双重的洗，最终把以色列人与埃及人分开了，埃及人预表现今堕落的世界。

出埃及记十四章 19-20 节描绘了云里受洗："在以色列营前行走神的使者，转到他们后边去，云柱也从他们前边转到他们后边立住。在埃及营和以色列营中间有云柱，一边黑暗，一边发光，终夜两下不得相近。"

在这超自然的云中，主亲临保护祂的子民，它有双重的效益，对埃及人来说它又黑又可怕，但对以色列来说这是夜间的光。整夜那云使埃及人不得靠近以色列人。

在云中，主的使者临近，保护祂的子民。耶稣指出，祂将借着圣灵回来与门徒永住。云柱生动地预表耶稣实现了对门徒的应许：

"我要求父，父就另外赐给你们一位保惠师，叫他永远与你们同在。就是真理的圣灵，……我不撇下你们为孤儿，我必到你们这里来。"　　　　　（约十四 16-18）

以色列人出埃及，表明云柱中神的使者把以色列人的营地与埃及人分开。同样，在圣灵中，主耶稣回到相信祂的子民中与他们永住。这样在压力重重的时候，主为祂的子民提供保护，又提供了安慰。

借着这双重的洗，神的子民开始了一个生命的旅程，迈向神为他们预备的产业。每天他们都由同一个在红海岸旁临到的云柱引领。白天这云柱为他们遮挡太阳，夜间为他们照明。这是圣灵最好的预表，祂是我们的向导和安慰！

在这次旅程中，以色列人都吃一样的灵食，喝一样的灵水，就是每个早晨与露水一同临下的吗哪。

同样，耶稣为祂的子民提供灵粮："人活着，不是单靠食物，乃是靠神口里所出的一切话。"（太四 4）

对于今天的基督徒，属灵力量和健康，都由每天定期读圣经喂养自己而来的。

"节期的末日，就是最大之日，耶稣站着高声说，人若渴了，可以到我这里来喝。信我的人，就如经上所说，从他腹中要流出活水的江河来。耶稣这话是指着信他之人，要受圣灵说的，那时还没有赐下圣灵来，因为耶稣尚未得着荣耀。"　　（约 七 37-39）

　　每一个重生的基督徒，若有了圣灵的内住，他里面就有取之不尽的生命之水的源泉。

　　在人生旅程中，我们属灵的健康取决于每日饱于神的话语，饮于内住圣灵的源泉。

　　在我的灵程中，我学会每日与主亲密相交，在祂话语中得喂养，又跟随内住心中的圣灵之引导，以祷告和敬拜来回应神。我也领会到神在旷野中为以色列人提供的吗哪，必须每天早晨收取。否则太阳一出，吗哪就溶化了。因此，每天清晨，在忧虑和责任的热量把吗哪溶化之前，我们要早起以神的话语来使自己饱足。

　　从红海起，云柱一直引领以色列人经过整个旷野。这一点生动地例证了保罗所说的话：

"因为凡被神的灵引导的，都是神的儿子。"　　（罗八 14)

　　我写**"宝血与救赎"**这本书的目的，在于装备你走摆在前面的路程。我全心的祷告：你会有一个得胜的旅程。有一天我们会在天上的产业里相遇。

如何在智能手机上安装应用程序(App)

可复制网址到智能手机的浏览器，或使用二维码安装
适用于您智能手机的应用程序（App）

iPhone/iPad手机下载网址:

https://itunes.apple.com/sg/app/
ye-guang-ming-ye-guang-ming/
id1028210558?mt=8

若干安卓手机下载地址如下，供您选择:

https://play.google.com/store/
apps/details?id=com.subsplash.
thechurchapp.s_3HRM7X&hl

叶光明事工微信公众平台: